Täterin sein und Opfer werden?

»Substanz«

Agnes Betzler, Katrin Degen

Täterin sein und Opfer werden?

Extrem rechte Frauen und häusliche Gewalt

marta
press

Die Deutsche Bibliothek verzeichnet diese Publikation
in der Deutschen Nationalbibliografie.
Detaillierte bibliografische Daten sind im Internet abrufbar unter
http://dnb.d-nb.de

Besuchen Sie uns im Internet:
www.marta-press.de

1. Auflage September 2016
© 2016 Marta Press, Verlag Jana Reich, Hamburg, Germany
www.marta-press.de
Alle Rechte vorbehalten.
Kein Teil des Werkes darf in irgendeiner Form (durch Fotografie,
Mikrofilm oder andere Verfahren) ohne schriftliche Genehmigung des
Verlages reproduziert oder unter Verwendung elektronischer Systeme
verarbeitet, vervielfältigt oder verbreitet werden.
© Umschlaggestaltung: Niels Menke, Hamburg
Printed in Germany.
ISBN 978-3-944442-47-1

Besonderer Dank gilt Prof. Dr. Renate Bitzan,
ohne deren Unterstützung weder unsere Forschung
noch die vorliegende Veröffentlichung denkbar gewesen wären.

Inhalt

7

II Quantitative Ersterhebung.....................156

IV Qualitative Hauptuntersuchung.....................172

9

I Einleitung

„Täterin sein und Opfer werden?" – dieser Buchtitel mag zunächst etwas provokant klingen, denn hier scheint es sich um Gegensätze zu handeln, welche sich grundsätzlich ausschließen. Im Laufe der Recherchearbeiten für das vorliegende Buch wurden wir von unterschiedlichen Stellen mit dieser Auffassung konfrontiert. So konnten sich einige Gesprächspartner_innen extrem rechte Frauen nicht in einer Opferrolle vorstellen und andere kritisierten die Verwendung des Täterinnenbegriffs. Es wurde an uns die Auffassung herangetragen, dass es sich bei einer rechten Frau nicht zwangsläufig um eine Täterin handeln müsse. Diese Argumentation kann nur verwendet werden, wenn eine kriminologische Definition von Täterinnenschaft zu Grunde gelegt wird, welche das Ausführen einer Straftat voraussetzt. Wir verstehen diesen Begriff jedoch umfassender. Aus unserer Sicht besteht bereits durch das aktive Annehmen einer extrem rechten Haltung und die damit verbundene Tolerierung von Gewalt als Mittel zur Durchsetzung der eigenen Ideologie eine (Mit-)Täterinnenschaft. Dies schließt jedoch nicht aus, dass selbige Frauen in anderen Kontexten eher einer Opferrolle zugeordnet werden können. Dies gilt gerade auch für häusliche Gewalt, denn diese ist in unserer Gesellschaft ubiquitär. Dieser Zusammenhang wurde in der Vergangenheit hin und wieder

11

durch bekannt gewordene Einzelfälle sichtbar, was an späterer Stelle noch vertiefend dargestellt wird. Eine umfassende Untersuchung des Phänomens stand jedoch aus, weshalb es sich bei der vorliegenden Publikation um einen ersten Beitrag zur systematischen Erforschung handelt.

Erste methodische Überlegungen beschäftigten sich dabei mit dem Zugang zur Zielgruppe. Hier bot sich der Kontakt zu Mitarbeiterinnen von Frauenhäusern als Ansprechpartnerinnen für Frauen mit Gewalterfahrungen an. Es muss jedoch darauf hingewiesen werden, dass die Vertreter_innen von extrem rechten Ideologien feministische Positionen und Strukturen „offiziell" ablehnen, da diese ihrer Ansicht nach „politisch motivierten Männerhass" und die Zerstörung taditioneller Familienformen fördern würden. Aus dieser Perspektive stellte sich auch die Frage, ob extrem rechte Frauen dennoch diese feministischen Strukturen (wie Frauenhäuser) nutzen. Durch den Kontakt zu den Mitarbeiterinnen der Frauenzufluchtsstätten ergab sich weiterhin die Möglichkeit, auch sozialarbeiterische Komponenten im Umgang mit dieser Klientel herauszuarbeiten.

Da nicht vorausgesetzt werden kann, dass alle interessierten Leser_innen Vorwissen in der wissenschaftlichen Diskussion um die Bereiche Frauen im Rechtsextremismus und häusliche Gewalt haben, ist der Forschung ein ausführlicher Theorieteil vorangestellt. Im Kapitel II widmen wir uns der Entstehung von Geschlechterrollen und deren Einfluss auf das heutige Zusammenleben in der Gesellschaft. Außerdem werden für beide Themengebiete ausführliche Begriffsbestimmungen vorgenommen und relevante Aspekte herausgearbeitet. Anschließend verknüpft die Hinführung zur Studie diese beiden Teilbereiche und weist auf Parallelen hin. Daran schließt im Kapitel III die quantitative Erstuntersuchung an. Bei dieser Vollerhebung wurden deutschlandweit alle frauenspezifischen Zufluchtsstätten kontaktiert, um Kenntnis darüber zu erlangen, wie viele dieser Einrichtungen bereits Erfahrungen im Umgang mit rechten Frauen gesammelt haben. In der darauffolgenden qualitativen Hauptuntersuchung (Kapitel IV) führten wir mit den Mitarbeiterinnen, welche uns Erfahrung zurückgemeldet hatten, telefonische Interviews. Die Auswertung der Ergebnisse erfolgt durch eine Kategorisierung ähnlicher Aussagen. So können einerseits vier Typen von rechten Frauen, welche in frauenspezifischen Zufluchtsstätten Schutz suchen, gebildet werden, als auch unterschiedliche Umgangsweisen mit diesen herausgearbeitet werden. Anschließend diskutieren und interpretieren wir die Ergebnisse. Im Fazit (Kapitel V) findet unsere eigene Meinung zum Thema Eingang in die wissenschaftliche Arbeit.

II Diskussions- und Forschungsstand

Im folgenden Kapitel werden die theoretischen Grundlagen dieser Arbeit erläutert. Dabei fungiert der erste Abschnitt zum Thema Geschlechterrollen als Ausgangspunkt für die beiden anschließenden Themenbereiche.

1. Geschlechterrollen

Sowohl häusliche Gewalt, als auch Frauen in der extremen Rechten sind weitestgehend nur Themen der Geschlechterforschung. Obwohl eine Betrachtung beider Bereiche auch aus einer anderen Perspektive denkbar wäre, *„ist es nach wie vor im Wesentlichen die Aufgabe der Geschlechterforschung, die Kategorie Geschlecht als eine analytische einzuführen und einzufordern"* (Birsl 2011, S. 15).

Dies ist von Relevanz, da *„Frauen [...], wie Männer, immer aktiv am gesellschaftlichen und wirtschaftlichen Leben in der Geschichte der Menschheit teilgenommen [haben], aber in den unterschiedlichen wissenschaftlichen Disziplinen und Forschungsbereichen bis in die jüngste*

Vergangenheit vielfach vernachlässigt [wurden]" (Deutsche Stiftung- Frauen und Geschlechterforschung 2015, Grund und Auftrag).

Diese Vernachlässigung lässt sich auf das grundsätzlich männlich geprägte Wertesystem unserer Gesellschaft zurückführen. Die Unterordnung der Frau unter den Mann wurde in den letzten Jahrhunderten wenig in Frage gestellt. Erst neuere Entwicklungen, beispielsweise im Zuge der Frauenbewegungunge, lassen dieses traditionelle Rollenverständnis nach und nach aufweichen. Im Folgenden soll ein historischer Abriss zur Entstehung dieser Geschlechterrollen stattfinden und deren Bedeutung für das Geschlechterverständnis heute herausgearbeitet werden, da die hieraus resultierenden Ergebnisse sowohl für beide Teilbereiche dieser Arbeit (häusliche Gewalt und Frauen im Rechtsextremismus) eine gesteigerte Rolle spielen, als auch in der Zusammenführung von diesen von essenzieller Bedeutung sind.

1.1. Historischer Abriss zur Entstehung der Geschlechterrollen

Bereits vor Jahrtausenden etablierten sich ungleiche Machtverhältnisse zwischen den Geschlechtern, wobci deren Ursprung von Quelle zu Quelle unterschiedlich datiert wird. Einige vermuten die Entstehung bereits im dritten Jahrtausend vor Christus, erkennbar an Änderungen in

15

der religiösen Symbolik, als weibliche Göttinnen zurück-
gedrängt wurden (Cyba 2010, S. 18). Andere sprechen von
einem 3500 Jahre andauernden Prozess, welcher gegen
Ende der Bronzezeit einsetzte. Dabei wird auf die Entwicklung früher Staatlichkeit verwiesen, welcher Frauen
einen sekundären Rang zuschrieb und sie im Bereich von
Natur und Körperlichkeit einordnete (Opitz-Belakhal
2011, S. 313).

Heute wird in diesem Zusammenhang von der Entstehung des Patriarchats gesprochen. Patriarchat meint im
weitesten Sinne ein gesellschaftliches System von sozialen
Beziehungen der männlichen Herrschaft, in welchem
Männer dominant und Frauen untergeordnet sind (Cyba
2010, S. 17). Für diesen Begriff existieren verschiedene
Definitionen, worauf an dieser Stelle nicht näher eingegangen werden kann. Lediglich ein Gesichtspunkt soll
herausgearbeitet werden: Einige Autor_innen postulieren,
das Patriarchat könne historisch vom griechischen und
römischen Recht abgeleitet werden.

Damals herrschte die Ansicht, dass Frauen ihrem
Mann zugehörig seien und der Beaufsichtigung bedürfen,
was eine angenommene Schwäche und geringere Auto-
nomie implementierte, und zugleich die Vormachtstellung
des Ehemannes stärkte. Als Ausdruck dieser Gesinnung
kann die Geschlechtervormundschaft gelten. Dieses Ge-
waltverhältnis stellte eine besondere Form der Geschäfts-
unfähigkeit dar, der alle Frauen prinzipiell unterlagen und
somit nicht selbst rechtswirksam tätig werden konnten
(Leuze-Mohr 2001, S. 8ff). Außerdem war im römischen
Recht festgeschrieben, dass *„der Ehemann das Recht*

[hat] seine Frau zu züchtigen, zu verstoßen, zu töten und zu vergewaltigen" (Strasser 1998[1], zit. nach Cizek, Buchner 2001, S. 20). Dies resultierte aus der Vorstellung, der Mann sei das Familienoberhaupt und somit Machtträger über Frau, Kinder, sowie Sklav_innen und habe daher uneingeschränkte Befehlsgewalt über seinen Besitz. Da die Familie zu jener Zeit als Eigentum des Mannes betrachtet wurde, garantierte das somit auch freie Verfügung über deren Leben und Tod (Cizek, Buchner 2001, S. 21).

Aus mehreren Gründen wird heutzutage bei der Definition des Begriffs Patriarchat nicht mehr von einem direkten Zusammenhang zur Antike ausgegangen (vgl. Cyba 2010, S. 17). Die Betrachtung ist dennoch interessant, da das deutsche Recht in der Tradition des streng patriarchal ausgerichteten römischen Rechts steht, und somit bis heute Einfluss auf die Familien- und Gesellschaftsstruktur hat (Leuze-Mohr 2001, S. 8). Ähnliches lässt sich auch über die christliche Religion sagen. Hier wurde im Ursprung davon ausgegangen, dass die Frau als Hilfe für den Mann geschaffen wurde, und somit von Beginn an dem Mann untergeordnet sei. In Verbindung mit dem sogenannten Sündenfall (vgl. Genesis 3) wurde über Frauen meistens negativ geurteilt. Sie sei *„Ursache allen Bösen, bedeutet für den Mann Versuchung und Gefahr; ihre Natur sei der männlichen völlig unterlegen"* (Eyben 1989, S. 586). Da jede Frau die Sünde Evas in sich trage, seien alle schwach und leichtsinnig, weswegen sie dem Mann gehorchen müssen. Es existierte eine klare Rangfolge (Gott, Christus, Mann, Frau), was den Mann zum *„Haupt der Frau"* (ebd,

---

[1] Originalquelle nicht auffindbar.

S. 187) machte. Die geforderte Unterordnung der Frau beeinflusste auch die Arbeitsteilung in der Familie: Gott habe dem Mann die Frau nur gegeben, damit sie den Haushalt und die Kinder versorge, während der Mann öffentliche Aufgaben wahrnehmen müsse. Daraus resultierend durften Frauen bei Versammlungen nicht sprechen, und mussten einen Schleier tragen, um zu zeigen, dass sie nicht Abbild Gottes seien, sondern lediglich Abbild ihres Mannes (ebd., S. 589ff). Die Vorstellung, es gäbe einen Vater-Gott, wie beispielsweise im Christentum *„spiegelt die zentrale kulturelle Bedeutung der Vater-Figur, deren Basis das Recht des Vaters als Hausvorstand über die Familie bildet. Die christliche Religion begründet und stabilisiert die vaterrechtliche Ordnung in westlichen Gesellschaften"* (Opitz-Belakhal 2011, S. 313).

Die Vormachtstellung des Mannes zieht sich durch die Geschichte. Im 19. Jahrhundert wurde die Frau zum Naturwesen erklärt, ihre *„Funktion wurde über die inneren Geschlechtsorgane im »Natürlichen« fixiert, in der Reproduktion und damit im Haus"* (Lamnek et al. 2012, S. 21f). Damit galt die hierarchische Geschlechterordnung als natürlich definiert, was als Legitimation für die Arbeitsteilung betrachtet wurde. Die Frau sollte sich um die Kinder kümmern, während der Mann seine Identität über das öffentliche Leben und die Arbeit erwarb. Zusätzlich galt das Züchtigungsrecht des Ehemannes, was nicht ausschließlich das Recht des Mannes war, sondern auch dessen Pflicht, um *„sein Recht als männliches Recht aufrechtzuerhalten"* (Leuze-Mohr 2001, S. 10). Neben der körperlichen Gewalt wurde auch sexuelle Gewalt von der

Gesellschaft zumindest toleriert und galt weniger als Straftat gegen die Frau, sondern als Ehr- oder Eigentumsverletzung des Mannes, beziehungsweise der Familie (ebd., S. 13f).

1.2. Geschlechterverständnis heute

Obwohl die *„Gleichstellung von Männern und Frauen heute [von den jüngeren Generationen] grundsätzlich als wichtige gesellschaftliche und (familien-)politische Errungenschaft begriffen"* (Wippermann, Wippermann 2007, S. 8) wird und somit beide Geschlechter davon ausgehen, *„dass sie gleiche Startbedingungen und Rechte"* (ebd., S. 8) haben, machen sich die über Jahrhunderte verfestigten Strukturen des abendländischen Patriachats nach wie vor bemerkbar.

So kann die beinahe als natürlich erachtete Vorstellung von Zweigeschlechtlichkeit[2] als ein Erbe der oben erläuterten Historie betrachtet werden. Es wird versucht die Binarität zwischen Männern und Frauen aufrecht zu erhalten, obwohl es sich hierbei um ein soziales Konstrukt handelt. Dieses erlaubt, die Welt leichter zu ordnen ist aber keineswegs selbstverständlich, was dabei oft übersehen

---

[2] Im Verständnis dieser Arbeit definiert sich der Begriff Zweigeschlechtlichkeit durch die gesellschaftliche Vorstellung einer natürlichen Ungleichheit von Frau und Mann. Damit einher gehen rigide Rollenerwartungen und Verhaltensvorstellungen. Jede Person muss sich somit einem dieser Geschlechter eindeutig zuordnen. Die Existenz weiterer Kategorien wird vollständig ausgeschlossen.

wird (Lamnek et al. 2012, S. 19f). Als Folge werden stereotype Zuschreibungen für das Männliche und das Weibliche benötigt. Diese umfassen Tätigkeiten, Verhalten und Eigenschaften und reichen damit bis zur Zuschreibung und Reproduktion von Identitäten als Mann oder als Frau. Indem also bestimmte Handlungen von Männern und Frauen (in ihrer Rolle als Mann oder Frau) erwartet werden, führt das zu einer Vorschreibung sozialer Identität. Männlichkeit wird assoziiert mit *„körperliche[r] Kraft, Durchsetzungsfähigkeit, Kompetenz, Unabhängigkeit, Aktivität, Sachlichkeit, Dominanz, bei Frauen umgekehrt entsprechend Emotionalität, Unterordnung, Abhängigkeit, Kommunikativität, Passivität, Ängstlichkeit – und dies erstaunlicherweise über die Zeit und die Kulturen hinweg relativ unverändert"* (Lamnek et al. 2012, S. 20).

Diese Rollenzuschreibungen, welche stark an das historische Geschlechterverständnis erinnern, bestehen nach wie vor, obwohl eine rechtliche Gleichstellung von Frauen und Männern inzwischen weitestgehend gewährleistet ist und damit einhergehend auch die grundsätzliche Gleichberechtigung der Geschlechter als Konsens in der Bevölkerung betrachtet wird. Dieses Paradox lässt sich mit der Hinzunahme der Kategorie Bildung etwas aufklären.

„Während Frauen mit höherer Bildung den Prozess [der Gleichstellung] längst nicht für abgeschlossen halten und ihn selbstverständlich fortsetzen wollen, sehen vor allem Männer geringerer Bildung das Ziel längst erreicht. Viele Bemühungen gehen ihrer Meinung nach über das Ziel hinaus, sind überflüssig, oder gar sinnlos" (Wippermann, Wippermann 2007, S. 8).

Diese Einstellung junger Männer lässt sich durch eine erhöhte Verunsicherung in Bezug auf ihre eigene Rolle erklären. So haben sie meist in ihrer Kindheit klare hierarchische Positionen zwischen den beiden Elternteilen erfahren. Scheinbar selbstverständlich hatte der Vater die Rolle des Familienoberhauptes und des Familienernährers inne (Lamnek et al. 2012, S. 21). Die Mutter wollte und durfte ebenfalls einen Teil zum Gesamteinkommen beisteuern, vernachlässigte dabei ihre Rolle als Hausfrau jedoch nicht. Es fand somit eine Lockerung der traditionellen Rollenverteilung statt, aber keine Auflösung (Wippermann, Wippermann 2007, S. 9). Die Söhne dieser Generation erlebten somit eine Perspektive, in welcher die *„Frauen neue Chancen und Möglichkeiten bekamen, ohne dass damit für die Männer (ihre Väter) Einschränkungen oder neue Aufgaben (Haushalt, Erziehung) verbunden wären"* (ebd., S. 9). Besonders deutlich zeigt sich diese Rollenlockerung, aber nicht Auflösung, in der Erwerbsarbeit, bei welcher Männer nach wie vor höhere Positionen bekleiden als Frauen. Insbesondere in der Altersgruppe zwischen 30 und 45 Jahren fällt das Ungleichgewicht auf, *„dann nämlich, wenn die Frauen den »Karriereknick« durch die Kinderphase bekommen"* (Lamnek et al., S. 21).

Bei den heute 20-Jährigen zeigt sich demnach ein sehr ambivalentes Bild. Vor allem die Männer und Frauen höherer Bildungsschichten versuchen ein gleichberechtigtes Miteinander zu finden, in welchem jeder Bereich des Alltags gleichermaßen Aufgabe beider Geschlechter ist. Männer und Frauen mit niedrigerem Bildungsniveau halten eher an traditionellen Geschlechterentwürfen fest.

Auch hier gelten bestimmte Aspekte der Gleichstellung inzwischen als selbstverständlich (z. B.: Arbeit der Frau), andere hingegen werden weniger in Betracht gezogen (z.b.: Kindererziehung als gleichberechtigte Aufgabe) (Wippermann, Wippermann, S. 10f). Auch die Tatsache, dass manche sozialstaatlichen Mechanismen weiterhin eher dazu beitragen, das bestehende System zu stabilisieren[3], muss hierbei berücksichtigt werden (Lamnek et al. 2012, S. 22).

---

[3] Hierzu können beispielsweise „Ehegattensplitting, Ausrichtung am Vollzeiterwerbstätigen, soziale Absicherung über den Ehemann, Einrichtung von Mutterschutz, Erziehungsurlaub bzw. (aktuell) Elternzeit, ebenso wie fehlende oder unzureichende Möglichkeiten der Kinderbetreuung" (Lamnek et al. 2012, S. 23) und das Betreuungsgeld gezählt werden.

2. Extrem rechte Frauen

Im Bundesverfassungsschutzbericht 2013 heißt es, dass *„es z.b. die »Mütter von nebenan« [sind], die in ihrer ideologischen Verwurzelung den Männern nicht nachstehen und sich durch zivilgesellschaftliches Engagement in Szene setzen. Damit bezwecken sie, rechtsextremistisches Gedankengut Schritt für Schritt auch für bürgerliche Schichten gesellschaftsfähig zu machen. "*
(Bundesministerium des Inneren, S. 65f).

Dem Thema Frauen in der extremen Rechten werden in dem Jahresbericht 14 Zeilen von insgesamt 68 Seiten gewidmet. Ein geschlechtssensibler Ansatz in der Rechtsextremismusforschung ist jedoch nicht mehr neu und bereits in den 1990er Jahren konnte mehrfach bestätigt werden, dass Frauen in der Szene mehr als nur wie hier propagiert für Kinder, Küche und Kirche zuständig sind (vgl. Bitzan 1997, S. 9). Sie sind viel mehr ernst zu nehmende politische Akteurinnen, welche in allen Bereichen der extremen Rechten mit unterschiedlichen *„Schwerpunkten produzieren, (mit)tragen, praktizieren und verbreiten"* (Döhring, Feldmann 2005, S. 30).
    Der nachfolgende Teilbereich dieser Arbeit soll nun einen umfassenderen Einblick in die Involviertheit von Frauen in der extremen Rechten geben und sich nicht auf das in den Medien vorherrschende Bild der blonden, deutschen Mutter beschränken.

Hierzu wird es als unumgängliche erachtet, auch grundsätzliche Informationen bezüglich Rechtsextremismus zu vermitteln, so dass diese Arbeit auch für themenfremde Personen ohne die Lektüre weiterer Grundlagenliteratur verständlich ist. Aus diesem Grund findet im Abschnitt II 2.1 eine umfassende Verortung des Begriffs Rechtsextremismus statt, es folgt eine genaue Darstellung der Involviertheit von Frauen in der Szene, welche sowohl die Partizipation in einschlägigen Parteien und Organisationen, als auch die Ebene der Einstellung mit einbezieht (Abschnitt II 2.2). Anschließend werden im Abschnitt II 2.3 unterschiedliche Erklärungsansätze für die Entstehung rechtsextremer Einstellungen bei Frauen vorgestellt. Im Abschnitt II 2.4 findet eine Darstellung einiger weltanschaulicher Aspekte statt, wobei hier das Augenmerk auf Geschlechterkonzepte innerhalb der extremen Rechten und den hierdurch bedingten unterschiedlichen Frauenrollen liegt.

2.1. Frauen im Rechtsextremismus: Eine theoretische Verortung

Im Folgenden soll zuerst eine definitorische Grundlage zum Thema Frauen und Rechtsextremismus geschaffen werden. Hierzu wird in einem ersten Schritt die alltagssprachliche Bedeutung des Rechtsextremismusbegriffs[4] aufgezeigt. Anschließend findet dessen Erläuterung aus amtlicher Perspektive statt. Durch eine erneute Erweiterung dieses Amtsbegriffes um die Ebene der persönlichen Einstellungen, wird eine für die Sozialwissenschaften nutzbare Definition geschaffen.

Anschließend folgt eine kurze historische Betrachtung zur Etablierung des Phänomens Rechtsextremismus in der Geschlechterforschung.

Annäherung an den Begriff Rechtsextremismus

Der Begriff Rechtsextremismus ist in der Politik und den Medien allgegenwärtig. So berichtet die Zeitung oder das Fernsehen des Häufigeren von rechtsextremen Gewalttaten oder Gruppierungen (vgl. Süddeutsche Zeitung

---

[4] Sowohl im wissenschaftlichen, als auch im alltäglichen Wortgebrauch finden weitere Begriffe wie beispielsweise Rechtsradikalismus, Rechtspopulismus oder Neonazismus Verwendung. Häufig werden diese synonym verwendet und deren inhaltlich durchaus verschiedene Bedeutungskerne ignoriert (Köttig 2011, S. 345). In dieser Arbeit wird ausschließlich von Rechtsextremismus oder der extremen Rechten gesprochen.

2014a), europaweit treten rechtsextreme Parteien in Erscheinung (vgl. Süddeutsche Zeitung 2014b) und schon im Jugendalter wird im Rahmen von Schulprojekten eine Auseinandersetzung mit dem Thema angestrebt (vgl. BMFSFJ 2014). Das Verständnis, worum es sich bei Rechtsextremismus handelt, wird meist vorausgesetzt, Erklärungen finden sich jedoch kaum. Umso erstaunlicher erscheint es in diesem Zusammenhang, dass keine allgemeine Definition des Begriffs existiert und er in keinem Gesetz oder Gerichtsurteil Verwendung findet (Stöss 2010, S. 10).

Um dieses vermeintliche Paradox aufzuklären, kann in einem ersten Schritt das genauere Betrachten der beiden Wortfragmente hilfreich sein.

Die Bezeichnung „rechts" lässt auf eine politische Position innerhalb des allgemein gebräuchlichen Rechts-Links-Schemas schließen (Nandlinger 2008). Dieses Schema erlaubt das bundesweite Parteispektrum nach deren politischen Einstellungen hin zu skalieren. Als rechts gelten dabei Parteien mit elitären, konservativen und nationalistischem Gedankengut. Im Gegensatz hierzu steht eine Einordnung im linken Spektrum für eine egalitäre, progressive und internationalistische Einstellung. Obwohl das Rechts-Links-Schema häufig als überholt bezeichnet wird, finden die Terminologien noch immer Verwendung (vgl. Thurich 2011, S. 103f), wie beispielsweise das Thema dieser Arbeit zeigt.

Das Wortfragment Extremismus bezeichnet laut Duden eine „extreme, radikale [politische] Haltung oder Richtung" (Duden 2007, S. 539), wobei das Adjektiv ext-

rem als bis an die „äußerste Grenze" (ebd.) gehend, beschrieben wird. Radikal wiederum kann in diesem Zusammenhang in einem weiteren Sinne als „mit Rücksichts-
losigkeit und Härte vorgehend" (ebd., S. 1348) oder in
einem engeren Sinne als „eine extreme politische, ideologische, weltanschauliche Richtung vertretend [und gegen
die bestehende Ordnung kämpfend]" (ebd., S. 1348) verstanden werden.

Zusammenfassend lässt sich somit sagen, dass Rechtsextremismus, der Wortbedeutung nach, eine extreme bzw.
radikale politische Einstellung darstellt, welche im Rechts-
Links-Schema ganz rechts eingeordnet werden kann.

**Der Rechtsextremismusbegriff aus Sicht staatlicher
bzw. amtlicher Institutionen**

Im vorherigen Schritt konnte die politische Kompo-
nente von Rechtsextremismus herausgearbeitet werden.
Darauf aufbauend soll nun eine weitere Eingrenzung des
Begriffs aus staatlicher bzw. amtlicher Sicht erfolgen.
Hierzu stellt das Grundgesetz den Ausgangspunkt der
Überlegungen dar.

Da es sich bei der Bundesrepublik Deutschland um einen demokratischen Bundesstaat handelt und so die Mei-
nungs- wie auch die Vereinsfreiheit ein oberstes Gut darstellen, ist eine rechtsextreme Einstellung, beziehungsweise das Ausleben von dieser in Organisationen und Partei-
en, nicht grundsätzlich verboten. Eingeschränkt werden

kann dies jedoch von Artikel 21 Abs. 2 GG, der besagt, dass

„Parteien, die nach ihren Zielen oder nach dem Verhalten ihrer Anhänger darauf ausgehen, die freiheitliche demokratische Grundordnung zu beeinträchtigen oder zu beseitigen oder den Bestand der Bundesrepublik Deutschland [...] gefährden, [...] verfassungswidrig" sind.

Selbiges regelt Artikel 9 Abs. 2 GG für Vereine.

1952 wurde, sich auf den Artikel 21 Abs. 2 GG berufend, die "Sozialistische Reichspartei" (SRP) verboten, welche als rechtsextrem galt (vgl. Staud 2013). Am Beispiel dieses Verbots sollen nun weitere Aspekte des Extremismusbegriffs herausgearbeitet werden.

Das Bundesverfassungsgericht teilte damals in ihrem Urteil mit, dass die SRP gegen die freiheitliche demokratische Grundordnung verstoße und somit verfassungswidrig sei. Obwohl der Begriff Rechtsextremismus keine Erwähnung im Urteil fand, stellt diese zu Grunde liegende Einstellung die Ursache der Verfassungswidrigkeit dar. Das Urteil deckt sich mit der Auffassung des Verfassungsschutzes. Hier gilt politischer Extremismus[5] als Sammel-

---

[5] 2009 fand ein Umdenken von Seiten des Staates und den Bundesbehörden statt. Seitdem wird nicht mehr wie früher explizit Rechtsextremismus ab- und ausgegrenzt, sondern sämtliche Formen des politischen Extremismus, zu welchem auch Linksextremismus und Islamismus gezählt werden. Diese drei Formen politischer Gewalt werden seitdem unter den gleichen Aspekten betrachtet. Grundlage dieser Extremismustheorie bilden nicht mehr die universellen Grund- und Menschenrechte, sowie die Demokratie als solche, sondern der demokratische Verfassungsstaat rückt in den Mittelpunkt der Überlegungen, wodurch dieser (anstatt der Menschenrechte und der Demokratie) unantastbar gemacht wird. Butterwegge macht in einigen seiner Publikationen auf die Konsequenzen dieser Blickwinkeländerung auf-

begriff für diejenigen politischen Bestrebungen, die „darauf abzielen, bestimmte Verfassungsgrundsätze zu beseitigen oder außer Geltung zu setzen, die für die freiheitliche demokratische Grundordnung prägend sind" (Bundesministerium des Inneren 2013, S. 37). Im Gerichtsurteil zum Verbot der SRP definierte das Bundesverfassungsgericht acht Prinzipien, welche kennzeichnend für diese Grundordnung seien. Hierbei handelt es sich um die Achtung der Menschenrechte, Volkssouveränität, Gewaltenteilung, Verantwortlichkeit der Regierung, Gesetzmäßigkeit der Verwaltung, Unabhängigkeit der Gerichte, Mehrparteienprinzip und Chancengleichheit der Parteien einschließlich Oppositionsfreiheit (BVerfG 1952, S. 7).

Das Verbot einer rechtsextremen Partei kann somit nur ausgesprochen werden, wenn diese die oben stehenden acht Prinzipien nicht anerkennt. Das allein reiche jedoch laut einem weiteren Urteil des Bundesverfassungsgerichts von 1956 nicht aus. In diesem wird weiter konkretisiert, dass „*viel mehr eine aktiv kämpferische, aggressive Hal-*

---

merksam (hierzu: Butterwegge 2011). Seiner Meinung nach findet hierdurch eine definitorische Angleichung zweier völlig unterschiedlicher und gegensätzlicher Ideologien (Links- und Rechtsextremismus) statt, welche es unnötig erscheinen lässt, die Unterschiede in deren Denken auszuarbeiten (Butterwegge 2001, S.49). Eine weitere Problematik dieser Gleichstellung ist die damit verbundene Meinung, bei Links- und Rechtsextremismus handle es sich um die beiden extremen Enden einer sich sonst in der politischen Mitte bewegenden Gesellschaft.

„Extremismustheoretiker behandeln den Rechtsextremismus (ebenso wie den Linksradikalismus) primär als einen Gegner der bestehenden politischen bzw. Staatsordnung, nicht als ein soziales Phänomen, das mitten in der Gesellschaft wurzelt." (ebd. S. 31). Die Verfasserinnen dieser wissenschaftlichen Arbeit schließen sich der Kritik Butterwegges an.

tung gegenüber der bestehenden Ordnung hinzukommen [muss], sie muss planvoll das Funktionieren dieser Ordnung beeinträchtigen, im weiteren Verlauf diese Ordnung selbst beseitigen wollen" (BVerfG 1956, S. 1).

Das Verbot der SRP kann somit als ein Indiz dafür verstanden werden, dass Rechtsextremismus allgemein einige und in manchen Fällen alle der oben stehenden Prinzipien nicht anerkennt und die Veränderung der bestehenden Ordnung teils auch unter Zuhilfenahme von Gewalt anstrebt.

Dem Radikalismusbegriff kommt im Amtsdeutschen eine andere Bedeutung zu, als die vom Duden aufgezeigte. Hier gelten solche Bestrebungen als radikal, welche zwar stark rechte bzw. linke Einstellungen vertreten, jedoch noch dem verfassungskonformen Spektrum zuzuordnen sind. Radikalismus kann hier als Vorstufe zum Extremismus bezeichnet werden. Die Grenzen zwischen diesen beiden Formen sind jedoch fließend (Stöss 2010, S. 14).

Der Rechtsextremismusbegriff aus sozialwissenschaftlicher Sicht

Folgte man diesem staatlichen bzw. amtlichen Rechtsextremismusbegriff, so könnten nur in Vereinen oder Parteien organisierte, sich gegen die freiheitliche demokratische Grundordnung erhebende, rechtsextreme Gruppierungen und Einzelpersonen, in die Betrachtung einbezogen werden. Die solchem Verhalten zugrunde liegende Einstellungsebene wird vollkommen ausgeklammert. Jedoch ist nicht jede Person mit rechtsextremen Gedankenmustern auch politisch aktiv. Erst wenn die Ebene individueller Einstellungspotenziale mit in den Blick genommen wird, ergibt sich ein stimmiges Bild bezüglich rechtsextremer Tendenzen in der Gesellschaft. Die Sozialwissenschaften legen ihr Augenmerk deshalb auf diese *„Einstellungspotentiale[...] in der gesamten Bevölkerung sowie [...] mögliche [...] gesellschaftliche [...] Ursachen und Folgen"* (Forschungsnetzwerk Frauen und Rechtsextremismus 2014, Kap. 2). Hierzu wird eine weiter gefasste Definition benötigt, welche bereits bei der individuellen Einstellungsebene ansetzt.

Im Folgenden soll nun auf den soziologischen Rechtsextremismusbegriff nach Heitmeyer eingegangen werden. Anschließend folgt ein politikwissenschaftlicher Definitionsvorschlag von Stöss.

Heitmeyer untersuchte seit 1987 in mehreren groß angelegten Studien die Ausmaße, Entwicklungen und Ursachen von Rechtsextremismus bei Jugendlichen und im gesamtgesellschaftlichen Kontext. Er definierte Rechtsextremismus als ein Orientierungsmuster, welches „Elemente eines gesellschaftlichen Gegenentwurfs" (Heitmeyer 1992, S. 13) beinhaltet. Dieses zeichne sich durch zwei Aspekte, nämlich einer Ideologie der Ungleichheit und eine grundsätzliche Gewaltakzeptanz aus.

Wie der Name schon vermuten lässt, handelt es sich bei der Ideologie der Ungleichwertigkeit um eine auf Abwertung ausgerichtete Einstellung. Durch

„Facetten wie

- *nationalistischer bzw. völkischer Selbstübersteigerung;*
- *rassistischer Einordnungen;*
- *eugenischer Unterscheidung von lebenswertem und unwertem Leben;*
- *soziobiologischer Behauptung von natürlichen Hierarchien;*
- *sozialdarwinistischer Betonung des Rechts des Stärkeren;*
- *totalitären Normverständnissen im Hinblick auf Abwertung des >Anders-seins<;*
- *[sowie] Betonung von Homogenität und kultureller Differenz"* (ebd., S. 13)

soll eine Ausgrenzung bestimmter Personen(-gruppen) auf sozialer, ökonomischer, kultureller, rechtlicher und/oder politischer Ebene erreicht werden (ebd., S. 13).

Laut Heitmeyer stellt Gewalt (privat, sowie staatlich ausgeführt) in rechtsextremen Orientierungsmustern eine normale Aktionsform dar, welche zur Regelung von Konflikten eingesetzt wird. Die grundsätzliche Gewaltakzeptanz sei dabei jedoch individuell unterschiedlich und reiche von Billigung fremdausgeführter Gewalt, bis hin zu eigener Gewaltausübung, es gäbe jedoch allgemein die „Überzeugung unabänderlicher Existenz von Gewalt" (ebd., S. 14).

Heitmeyers Rechtsextremismusbegriff stand aufgrund dieser Facette der grundsätzlichen Gewaltakzeptanz viele Male in der Kritik, denn Gewaltakzeptanz ist *„bei rechtsextrem orientierten Frauen nicht zwingend vorzufinden, auch wenn sie sonst ein geschlossen rechtsextremes Weltbild haben"* (Forschungsnetzwerk Frauen und Rechtsextremismus 2014, Kap. 2). Trotzdem wird dieses Verständnis von Rechtsextremismus heutzutage weitestgehend anerkannt (vgl. Birsl 2011, S. 12).

In jüngerer Zeit findet jedoch der politikwissenschaftliche Rechtsextremismusbegriff nach Stöss immer mehr Verwendung, da dieser der Komplexität rechtsextremistischer Einstellungsmuster, wie sie heutzutage existieren, und der „Vielzahl unterschiedlicher Strömungen, ideologischer Ausrichtungen und Organisationsformen" (Grumke 2013, S.24) gerecht wird. Des Weiteren verzichtet dieser auf die Facette der grundsätzlichen Gewaltakzeptanz als vordringliches Merkmal rechtsextremer Gesinnung.

Nach Stöss handelt es sich bei Rechtsextremismus um einen *„Sammelbegriff für verschiedenartige gesellschaftliche Erscheinungsformen, die als rechtsgerichtet, undemokratisch und inhuman gelten"* (Stöss 2010, S. 19). Besondere Merkmale sind seiner Meinung nach übersteigerter Nationalismus in Verbindung mit einer feindseligen Haltung gegenüber anderen Staaten oder Völkern, Negierung

der universellen Freiheits- und Gleichheitsrechte, Ablehnung von parlamentarisch-pluralistischen Systemen und
das Vertreten einer ethnisch homogenen (reinrassigen),
angeblich der natürlichen Ordnung entsprechenden,
Volksgemeinschaft[6] (ebd., S. 19f). Konkret können laut
Stöss somit nationalistische, ethnozentristische, sozialdar-
winistische, antisemitische, pro-nazistische und sexistische
Einstellungen, sowie die Befürwortung einer rechten Diktatur dem rechten Spektrum zugeordnet werden (ebd., S.
21). Er weist explizit darauf hin, dass Rechtsextremismus
„keiner einheitlichen Ideologie" (ebd., S. 20) folgt und die
individuelle Einstellungsebene in der Regel konkretem
rechtsextremen Verhalten vorgelagert ist (ebd., S. 21).
Diese beiden Erkenntnisse sind von essenzieller Bedeutung, wenn man heutigen Rechtsextremismus mit all seinen informellen teilweise nicht klar abgegrenzten Gruppierungen verstehen möchte.

**Historischer Rückblick zur frauenspezifischen
Rechtsextremismusforschung**

Rechtsextremismus wurde lange Zeit hauptsächlich als
Jugendproblem betrachtet, welches *„wegen seiner Ge-
waltprävalenz und seines Sexismus als ein Phänomen
männlichen Dominanzverhaltens"* (Birsl 2011, S. 12) galt.
Ihren Ursprung hat diese Vorstellung in den 1970er und
1980er Jahren bei den sich damals erstmals formierenden

---

[6] Hierzu mehr im Abschnitt II 2.4.

rechten Skindheadgruppen. Das Bild des jungen, martialisch aussehenden Glatzenträgers hat sich dabei so stark in unserem Alltagsverständnis verankert, dass es auch heute noch als Inbegriff rechtsextremen Aussehens gilt, obwohl dessen Erscheinungsbild sich stark wandelte (Kuluk, Staud 2009, S. 33).

Im Angesicht dieser damals neuen Jugendszene suchte vor allem die Jugendforschung nach geeigneten Interpretationsmodellen (Köttig 2004, S. 19). Heitmeyer entwickelte zu diesem Zeitpunkt die These, dass rechtsextremistische Einstellungen bei Jugendlichen durch deren Orientierungslosigkeit entstünden. Diese wiederum bedinge sich durch die starke Individualisierung der Lebenslagen (vgl. Heitmeyer 1987). Nach der Wiedervereinigung von Ost- und Westdeutschland wurden in den neuen Bundesländern verstärkt rechtsextreme Tendenzen festgestellt. Auch dieser Umstand konnte mit seiner These durch die „plötzliche Anforderung der (Um-)Bruchsituation interpretiert" (Köttig 2004, S. 21) werden. Heitmeyers Erklärungsmodell spielt bis heute eine große Rolle und beeinflusste die wissenschaftliche Forschung sehr, was beispielsweise eine starke Eingrenzung der Rechtsextremismusforschung auf Jugendliche zur Folge hatte.

Extrem rechte Ideologien sind allerdings kein jugendspezifisches Randphänomen, sondern bestehen auch in der Mitte der Gesellschaft (vgl. Zick, Klein 2014). Hierauf wird im Abschnitt II 2.2. genauer eingegangen.

Ebenso verhält es sich mit der Dimension des Geschlechts. Rechtsextremismus galt seit jeher hauptsächlich als Männerphänomen. Nach wie vor dominiert *„sowohl in* *der Rechtsextremismusforschung und dem medial vermittelten Blick, als auch in der antifaschistischen Recherchearbeit noch immer der scheinbar geschlechtsneutrale Blick, der sich jedoch als männerzentriert erweist"* (Antifaschistisches Frauennetzwerk, Forschungsnetzwerk Frauen und Rechtsextremismus 2005, S. 11).

Geschlechtssensible Ansätze zum Thema stammen daher zurzeit hauptsächlich aus der Feder von Geschlechterforscher_innen. In der Rechtsextremismusforschung hat sich dieser Paradigmenwechsel noch nicht vollzogen, obwohl empirische Belege für die Existenz eines spezifisch männlichen und eines spezifisch weiblichen Rechtsextremismus sprechen (Birsl 2011, S. 15).

Bereits in den 1990er Jahren erschienen hierzu erste Publikationen. Als Auslöser hierfür können zum einen die überraschenden Wahlerfolge der rechtsextremen Partei "Die Republikaner" gelten. Analysen zeigten, dass etwa zwei Drittel der Wählerinnen und Wähler männlichen Geschlechts waren. Zum Zweiten fand etwa zur selben Zeit die, bereits an früherer Stelle erwähnte, von Heitmeyer 1987 durchgeführte Untersuchung zu rechtsextremistischen Orientierungen unter Jugendlichen statt. Laut einem Ergebnis dieses Forschungsprojekts seien weibliche Jugendliche weniger anfällig für rechtsextremistisches Denken (vgl. Heitmeyer 1992). Die hieraus resultierende Diskussion kritisierte, dass mehrere Aspekte der Untersuchung sich eher an Orientierungen männlicher Jugendlicher richten würden und weibliche Sozialisationsmuster und Lebensrealitäten ausgeblendet wurden (Birsl 2011, S. 12). Auch stand dieses Ergebnis seiner Untersuchung im

Widerspruch zu einer 1981 durchgeführten repräsentativen Studie zu rechtsextremistischen Einstellungen in der Wahlbevölkerung. In dieser wurde kein signifikanter Unterschied zwischen Männern und Frauen festgestellt (Greifenhagen 1981, S. 115). Des Weiteren fand etwa zeitgleich zu den oben beschrieben Ereignissen ein Perspektivenwechsel in den Geschichtswissenschaften statt. Das Verständnis der Rolle der Frau im Nationalsozialismus wurde von einer reinen Opferperspektive um einen (Mit-)Täterinnendiskurs erweitert (Birsl 2011, S. 13).

Die nun beginnende Forschungstätigkeit nahm die geringere Wahlbeteiligung von Frauen in rechtsextremen Parteien, sowie deren verhältnismäßig geringen Anteil an politisch rechts orientierten Straf- und Gewalttaten nicht mehr als empirischen Beleg dafür, dass Frauen für rechte Ideologien weniger anfällig seien (ebd, S. 13). Ein geschärfter geschlechtsspezifischer Blick auf die Entwicklungen in der rechten Szene zeigte eine stetige Zunahme der „Anzahl der Frauenorganisationen im bundesdeutschen rechten Spektrum […] in den letzten Jahren" (Forschungsnetzwerk Frauen und Rechtsextremismus 2005, S. 9).

Auch das Verständnis, die typische rechte Frau sei eine Mitläuferin, meist die Freundin eines rechtsextremen Mannes, und vertrete das völkische Ideal der starken Mutter, musste einem weitaus differenzierteren Rollenbewusstsein weichen. Diese Vielfalt rechter weiblicher Lebensentwürfe wird im Abschnitt II 2.4. erneut aufgegriffen und weiter ausgeführt.

2.2. Verbreitung rechtsextremer Einstellungen und Involviertheit von Frauen

Im Folgenden wird aufgezeigt, in wie weit rechtsextreme Einstellungen und Verhaltensweisen in der bundesdeutschen Gesamtbevölkerung vertreten werden und in welcher Größenordnung und Weise hierbei Frauen und Mädchen eingebunden sind. Der Aufbau der Unterpunkte orientiert sich dabei am Bild einer Pyramide und beginnt daher mit den am stärksten fundierten Zahlen, der Tatbeteiligung an politisch motivierten Straftaten. Es folgen Zahlen zur Mitgliedschaft in Parteien und Organisationen, bevor eine Einschätzung bezüglich der Einstellungsebene im gesamtdeutschen Raum stattfindet.

Es muss darauf hingewiesen werden, dass sich jedoch kaum pauschale, tatsächlich abgesicherte Einschätzungen bezüglich der Involviertheit von Frauen in der rechten Szene machen lassen. Die zur Analyse zugänglichen Datenquellen arbeiten teils mit unterschiedlichen definitorischen Grundlagen und die Dimension Geschlecht wird nicht in allen Veröffentlichungen angegeben. Außerdem ist bei vielen Angaben mit einer Dunkelziffer zu rechnen, da Frauen als rechtsextrem handelnde Personen häufig übersehen werden (Forschungsnetzwerk Frauen und Rechtsextremismus 2014, Kap. 3).

Tatbeteiligung an politisch motivierten Straftaten

Bei politisch rechts orientierter Kriminalität handelt es sich um die wohl sichtbarste Form rechtsextremer Handlungen. Die Beteiligung an solchen Straf- und Gewalttaten kann somit als die Spitze des Eisbergs bezeichnet werden (vgl. Bitzan 2006[7] zit. nach Birsl 2011, S. 243). Der jährlich erscheinende Verfassungsschutzbericht des Bundes „dient der Unterrichtung und Aufklärung über verfassungsfeindliche Bestrebungen in Deutschland" (Bundesamt für Verfassungsschutz, Verfassungsschutzberichte). Laut Bundesverfassungsschutzbericht wurden im Jahr 2013 16.557 Straftaten mit rechtsextremem Hintergrund begangen. Den weitaus größten Teil hiervon stellten Propagandadelikte (11.639) dar, gefolgt von Sachbeschädigung (1.016) und Körperverletzung (704). Eine Differenzierung nach der Dimension Geschlecht wird hier leider nicht vorgenommen (Bundesministerium des Inneren 2013, S. 38). Unterschiedliche Quellen gehen jedoch davon aus, dass ca. 5% - 10% der rechtsextremen Straftaten von Frauen und Mädchen verübt werden (vgl. Arakeljan, Jana 2000[8] zit. nach Döhring, Feldmann 2005, S. 18;

---

[7] Originalquelle: Bitzan, Renate (2006): Rechte Frauen und Mädchen. In: Bundesarbeitsgemeinschaft Katholische Jugendsozialarbeit (Hg.): Pädagogische Interventionsstrategien gegen Rechtsextremismus. Erfahrungen und Ergebnisse aus vier Veranstaltungen, Aspekte Jugendsozialarbeit, No 62, Düsseldorf: BAG KJS, S. 111-118.

[8] Originalquelle: Arakeljan, Jana (2000): Quantitatives Geschlechterverhältnis in rechtsextremistischen Zusammenhängen in den jeweiligen Bundesländern/Regionalbereichen; unveröffentlichte Fragebogenerhebung unter Verfassungsschutzämtern; durchgeführt im Sommer 2000.

Bitzan 20067 zit. nach Birsl 2011, S. 243), Tendenz stei-
gend (Forschungsnetzwerk Frauen und Rechtsextremismus 2014, Kap. 3).

Die Wahrscheinlichkeit einer existierenden Dunkelziffer ist in diesem Zusammenhang ebenfalls sehr groß, da
*„Mädchen/Frauen als Täterinnen eher »übersehen« wer-
den bzw. ihre Beteiligung bagatellisiert wird, selbst wenn
sie bei Straftaten anwesend sind"* (Köttig 2004, S. 44).

Des Weiteren nehmen Frauen und Mädchen häufig in-
direkte bzw. unterstützende Funktionen bei Gewalttaten
ein. Sie stehen beispielsweise Schmiere, geben Alibis oder
stacheln zu Gewalttaten an (Forschungsnetzwerk Frauen
und Rechtsextremismus 2014, Kap. 3).

Mitgliedschaft in Parteien und Organisationen

Als nächstes Indiz bezüglich der Verbreitung rechtsextremer Einstellungen kann die Mitgliedschaft in rechten
Parteien sowie formellen und nicht formellen rechtsgerichteten Organisationen gelten. Frauen und Mädchen sind
sowohl Teil solcher Parteien, als auch sämtlicher Gruppierungen und Kameradschaften (Köttig 2004, S. 45). Sie
sind *„in allen Kontexten der rechtsextremen Szene präsent
[...] und [treten] in den unterschiedlichsten Funktionen
auf [...], wenngleich in einem quantitativ geringerem
Ausmaß als Jungen/Männer"* (Köttig 2011, S. 346).

Im Folgenden soll dieses stark ausdifferenzierte Orga-
nisationsnetz sowohl allgemein, als auch in Bezug auf
Frauen und Mädchen, näher betrachtet werden. Hierfür

wird zuerst auf die momentan existierenden rechtsgerichteten Parteien eingegangen, anschließend werden formelle
rechte Organisationen und informelle Gruppierungen vorgestellt.

Parteien

Derzeit existieren zwei als rechts geltende bundes-
landübergreifende Wahlparteien: "Nationaldemokratische
Partei Deutschlands" (NPD) und "Die Republikaner"
(REP), sowie weitere kleine (Splitter-)parteien wie beispielsweise "DIE RECHTE" oder die pro-Bewegung (vgl.
Grumke 2013, S. 33; Bundesministerium des Inneren
2013, S. 70).

Der Verfassungsschutzbericht 2013 geht von ca. 7.000
Mitgliedern in rechtsextremen Parteien aus. In die Be-
trachtung eingeschlossen sind hier jedoch lediglich die
NPD, DIE RECHTE und die "Bürgerbewegung pro
NRW" (ebd., S. 70). Die Republikaner werden seit 2006
nicht mehr im Verfassungsschutzbericht aufgeführt (vgl.
Bundesministerium des Inneren 2005, S. 101; Bundesministerium des Inneren 2006), gelten jedoch bei unterschiedlichen Stellen nach wie vor als rechtsextrem (vgl.
Grumke 2013, S. 33; Forschungsnetzwerk Frauen und
Rechtsextremismus 2014, Kap. 3) und konnten 2014 nach
eigenen Angaben 6.500 Mitglieder verzeichncn (Schoofs
2014).

Aktuelle Entwicklungen in der Bundesrepublik, wie
beispielsweise die neu gegründete Partei "Alternative für

Deutschland" (AfD) finden ebenfalls keine Beachtung. Die AfD zeigt rechtspopulistische Tendenzen (Süddeutsche Zeitung 2013), da sie sich jedoch noch im Aufbau befindet, ist eine abschließende Bewertung bezüglich der politischen Ausrichtung noch nicht möglich. Eine Einordnung rechts von den Unionsparteien CDU/CSU gilt trotzdem als zutreffend (Häusler 2013, S. 91f). Nach eigenen Angaben hatte die AfD im Jahr 2013 14.000 Mitglieder (Korte 2013).

Der Frauenanteil in den beiden überregionalen Parteien NPD und REP wird auf ca. 20% eingeschätzt (Forschungsnetzwerk Frauen und Rechtsextremismus 2014, Kap. 3). Laut dem NPD-Funktionär Peter Marx stieg der Frauenanteil der Partei jedoch im Herbst 2006 auf 27% an. Seiner Aussage nach sei mittlerweile jedes zweite Neumitglied weiblich (Peter Marx 2006[9] zit. nach Forschungsnetzwerk Frauen und Rechtsextremismus 2014, Kap. 3). Vor allem die NPD versucht mit dem Slogan „Nationalismus ist auch Mädelsache" gezielt Mädchen und Frauen für die Partei zu akquirieren (Staud, Kulick 2009, S. 104).

In beiden überregional aktiven Parteien sind Frauen auch im Vorsitz vertreten. Die NPD kann zwei Frauen im Parteivorstand verzeichnen (vgl. Internetauftritt der NPD). Bei den Republikanern wurden sowohl die Rolle des/der stellvertretenden Bundesvorsitzenden, sowie die des/der Schatzmeister_in an Frauen vergeben. Zwei der insgesamt 13 Beisitzer_innen sind ebenfalls weiblich (vgl. Internetauftritt der REP).

---

[9] Originalquelle nicht auffindbar.

Neben der Mitgliedschaft in Parteien sind rechtsextrem denkende Männer und Frauen auch in anderen Verbänden wie beispielsweise Vereinen organisiert. Vor allem die NPD erkannte diesen Trend weg von der Mitgliedschaft in Parteien, welche häufig als zu gemäßigt empfunden werden, hin zu formellen und informellen Gruppierungen und versucht mit dem Unterhalt solcher Organisationen anschlussfähig zu bleiben.

An Parteien angegliederte Organisationen

Der Verfassungsschutz ging im Jahr 2013 von ca. 2.500 Mitgliedern rechtsextremistischer Organisationen aus. Eine Ausdifferenzierung wird hier jedoch nicht weiter vorgenommen (Bundesministerium des Inneren 2013, S. 70).

Der Einstieg in die rechte Szene beginnt häufig bereits in der Jugendzeit. So ist es nicht verwunderlich, dass die NPD eine Jugendorganisation unterhält, die "Jungen Nationaldemokraten" (JN). Die JN *„gibt sich in ihrem Auftreten erlebnisorientiert und modern, in vielen Punkten erhebt sie noch extremere Forderungen als die Mutterpartei"* (Staud, Kulick 2009, S. 83). Derzeit verzeichnet die JN 380 Mitglieder (Bundesministerium des Inneren, S. 104). Eine „Mädelbeauftragte" sollte in der Vergangenheit die Belange weiblicher JN-Mitglieder stärken. In wie weit dieser Posten heutzutage noch besetzt ist, konnte nicht ermittelt werden. Für die NPD fungiert ihre Jugendorganisation als Bindeglied zu anderen rechtsgerichteten formellen und informellen Vereinigungen (ebd., S. 105).

Als weiterer themenrelevanter NPD-Verband kann der 2006 gegründete "Ring Nationaler Frauen" (RNF) gelten. Die ca. 100 Mitglieder starke Organisation (Bundesministerium des Inneren 2013, S. 103) soll besonders auf kommunaler Ebene agieren. Die Themenschwerpunkte liegen auf Sozialem, Familie, Brauchtum und Kultur (vgl. Internetauftritt des RNF). Auf dem NPD-Bundesparteitag 2013 wurde der RNF formal als integraler Bestandteil der Mutterpartei in die Parteisatzung eingefügt (Bundesministerium des Inneren 2013, S. 103). Vermutlich soll durch diese bewusste Verankerung die Imageverbesserung der NPD vorangetrieben werden. Diese versucht durch die Inszenierung eines idyllischen Familienbildes mehr gesellschaftliche Akzeptanz zu erlangen (Staud, Kulick 2009, S. 105).

In der Literatur wird ebenfalls eine Frauenorganisation der REP erwähnt. Der "Republikanische Bund der Frauen" (RBF) sollte das politische Engagement von Frauen fördern. Das vertretene Rollenbild sei *„jedoch ein eher traditionelles, auf Mutterschaft fokussiertes"* (Köttig 2004, S. 46). In der Selbstdarstellung der Partei finden sich keinerlei Anhaltspunkte, ob dieser Verband noch existiert und wofür er heutzutage eintritt (vgl. Internetauftritt der REP).

Die bisher vorgestellten Verbände beschränken sich allerdings auf solche, welche direkt an rechtsextreme Parteien angegliedert sind. Diese stellen jedoch nur einen kleinen Teil des Spektrums rechter Organisationen dar. Ein weitaus größerer Teil agiert unabhängig, oder zumindest scheinbar unabhängig, von Parteien. Auch auf diese möchten wir daher noch einmal näher eingehen.

Weitere allgemeine und frauenspezifische Organisationen

Aufgrund der Vielzahl an Verbänden und ständigen internen Umstrukturierungsmaßnahmen, ist eine umfassende Darstellung aller Organisationen nicht möglich. Im Folgenden findet deshalb eine Beschränkung auf die für das Thema der Arbeit relevanten und derzeit (noch) existierenden statt. Wie bereits beschrieben, sind Frauen und Mädchen jedoch in sämtlichen Kontexten der rechtsextremen Szene aktiv, weshalb die folgende Aufzählung keinesfalls einen Anspruch auf Vollständigkeit erhebt.

2011 wurde die "Hilfsorganisation für nationale politische Gefangene und deren Angehörige e.V." (HNG) verboten. Hierbei handelte es sich um eine ultrarechte, 600 Mitglieder starke Organisation, welche *„weniger humanitäre [...] Ziele [...] als vielmehr de[n] Erhalt des szenespezifischen Gewaltpotenzials"* verfolgte (Bundesministerium des Inneren 2013, S. 75). Der Verein wurde über zwanzig Jahre lang bis zu seinem Verbot von Frauen geleitet (vgl. Kulick, Staud 2009, S. 103). Als Nachfolgerorganisation sollte die "Aryan Defence Jail Crew" etabliert werden. Diese Bestrebungen wurden jedoch 2013, noch während der Gründungsphase, aufgedeckt (Röpke, Speit 2013, S. 220). Weitere Gefangenenhilfen mit ähnlichen

Zielen existieren noch immer (Bundesministerium des Inneren 2013, S. 75).

Weiter kann die "Gesellschaft für freie Publizistik" (GfP) genannt werden, welche „*mit etwa 500 Mitgliedern [die] größte rechtsextremistische Kulturvereinigung*" (Bundesministerium des Inneren 2006, S. 142) darstellt und hauptsächlich aus Verleger_innen, Buchhändler_innen, Redakteur_innen und Schriftsteller_innen besteht (ebd., S. 142). Die GfP „*wurde lange von Frauen am Leben erhalten*" (Staud, Kulick 2009, S. 103) und wird auch heute noch von solchen mitgeführt (vgl. Internetauftritt der GfP).

1986 formierte sich das Netzwerk "Hammerskin Nation" (HSN). Seit Anfang der 1990er Jahre existiert ein Ableger dieser Organisation in Deutschland, welcher wiederum in einzelne Regionalgruppen, so genannte Chapter, untergliedert ist (Röpke, Speit 2013, S. 215). Obwohl die Skinhead-Bewegung eher an Bedeutung für das rechte Milieu verloren hat (Bundesministerium des Inneren 2013, S. 80) und die HSN deshalb keine Erwähnung mehr im bundesweiten Verfassungsschutzbericht findet, treten einzelne Chapter nach wie vor in Erscheinung. Als Beispiel hierfür kann eines der größten einschlägigen Konzerte 2012 genannt werden, welches vom Chapter Westmark organisiert wurde (Röpke, Speit 2013, S. 215). Ein vom Bundeskriminalamt 2012 intern herausgegebener Bericht zum Thema erwähnt 193 namentlich bekannte Mitglieder (vgl. Vensky 2013). Aufgrund der lückenhaften Informationen der Behörden dürfte die tatsächliche Anzahl jedoch höher liegen (Röpke, Speit 2013, S. 216). Frauen spielen bei der HSN wohl eher eine untergeordnete Rolle, haben keinen offiziellen Mitgliedsstatus und treten lediglich als Begleiterinnen ihrer Partner und Freunde auf (vgl. ANTI-FA Bremen 2013).

Ein ähnliches Rollenbild schien auch die wohl bekannteste Skinhead-Organisation "Blood & Honour" (B&H) zu vertreten, welche im Jahr 2000 verboten wurde (vgl. Friedrichsen 2014).

Die 2013 begonnenen Prozesse zum "Nationalsozialistischen Untergrund" (NSU) warfen jedoch ein neues Licht auf die Involviertheit von Frauen in dieser *„elitären Szene, [welche] eine strenge Hierarchie und ein internes Regelwerk"* (Röpke, Speit 2013, S. 217) besitzt. Mit Beate Zschäpe gehörte eine Frau zum harten Kern des NSU, welcher enge Kontakte zu "Blood & Honour" pflegte (vgl. Radke 2013).

„Rechtsextremisten sind [häufig] bemüht, ihre Ideologie in vordergründig unverdächtige Zusammenhänge zu stellen. Sie engagieren sich zu gesellschaftspolitisch relevanten Themen und offenbaren dabei nicht immer oder erst nach einiger Zeit ihren politischen Hintergrund" (Bundesministerium des Inneren 2013, S. 67).

In diesem Zusammenhang kann zum einen die Gründung von Bürgerinitiativen zu bevölkerungsnahen Themen (z. B.: Bürgerinitiative Ausländerstopp oder PEGIDA) erwähnt werden. Die häufig angestrebte Eintragung dieser Initiativen ins Vereinsregister soll deren Seriosität festigen und die Rechtssicherheit steigern (ebd., S. 86).

Zum anderen lässt sich dieses Vorgehen bei einigen, aus dem rechten Milieu stammenden, Kampagnen beobachten. Die Szene versucht hier öffentlich brisante Themen, wie beispielsweise Kindesmissbrauch oder Tierschutz, aufzugreifen und so in subtiler Form ihre Ideologie zu verbreiten. Durch Bezugnahme auf weitere bekannte und gesellschaftlich legitimierte Organisationen soll die Glaubwürdigkeit weiter erhöht werden (ebd., S. 132). Hier werden Mädchen und Frauen besonders aktiv. Sowohl die Organisation dieser Kampagnen, als auch stattfindende Demonstrationen werden bewusst von Frauen durchgeführt. Dies soll ein weiteres Mal die Akzeptanz in der Bevölkerung erhöhen (Staud, Kulick 2009, S. 105).

Über diese allgemeinen Organisationen hinaus konnte in den letzten Jahren eine *„neue Entwicklung innerhalb der extremen Rechten [, nämlich] die vermehrte Organisation von Frauen in eigenständigen Frauengruppen und - organisationen"* (Döhring, Feldmann 2005, S. 18) verzeichnet werden. Durch diese Neugründungen[10] ist es Frauen möglich, politisch anerkannt und wahrgenommen zu werden. Als Vorreiter dieser Entwicklung kann der 1991 gegründete "Skingirl Front Deutschland" bzw. "Skingirl-Freundeskreis Deutschland" (SFD) gelten, welcher sich im Jahr 2000 auflöste. Im selben Jahr formierte sich die "Gemeinschaft Deutscher Frauen" (GDF), welche als Nachfolgeorganisation des SFD gilt (ebd. S. 29). Die GDF existiert noch immer. Auf ihrer Internetplattform werden Artikel zu den Themen Brauchtum, Kultur, Umwelt und Kindererziehung veröffentlicht (vgl. Internetplattform des GDF). Weitere Frauenorganisationen setzten

---

[10] Auch der an die NPD angegliederte "Ring Nationaler Frauen" (RNF) steht in dieser Tradition.

sich für eine härtere Bestrafung von „Kinderschändern"
ein, oder möchten auf regionaler Ebene mehr politisches
Gehör erlangen (Döhring, Feldmann 2005, S. 18).

Sowohl strukturell, als auch inhaltlich ähneln sich
sämtliche dieser Vereinigungen sehr und vertreten ein eher
traditionelles Frauenbild, lediglich punktuell lassen sich
andere Ansichten bezüglich der Stellung von Frauen finden (ebd., S. 22).

Abschließend lässt sich sagen, dass die *„Organisie-
rung unter Frauen [...] ein Zeichen dafür [ist], dass die
rechte Szene erstarkt ist und sich eine Ausdifferenzierung
erlauben kann. Sie soll vor allem dazu dienen, mehr Frau-
en für den politischen Kampf zu gewinnen, eine positive
»weibliche« (= friedvolle) Außenwirkung zu erzielen und
effektiver zu arbeiten"* (ebd., S. 23).

Rechte Kameradschaften und informelle Gruppierun-
gen

In der rechten Szene gibt es *„seit Jahren den Trend
weg von festgefügten Organisationen hin zu informellen
Formen der Zusammenarbeit und Koordinierung"* (Bundesministerium des Inneren 2013, S. 63).

Durch diesen Verzicht auf organisatorische Strukturen
*„sollen Vereinsverbote und strafrechtliche Ermittlungs-
verfahren erschwert werden. Angesichts der geringen
Größe der Gruppen, ihrer räumlichen Nähe und der persönlichen Kontakte der Aktivisten ist eine poli-*

tisch-agitatorische Funktionsfähigkeit auch ohne festge-
fügte Strukturen möglich" (ebd., S. 84).

Diese, sich als "Freie Kameradschaften" bezeichnen-
den Gruppierungen, setzen sich aus eigenständigen, regionalen Basisgruppen zusammen, welche wiederum in Ka-
meradschaftsverbänden und Aktionsbüros vernetzt sind.
Jedoch handelt es sich auch bei diesen Dachverbänden um
keine formellen Zusammenschlüsse. Selbst bezeichnen
sich die Mitglieder als "freie Nationalisten" oder "Nationaler Widerstand" und agieren häufig extrem gewalttätig
(Staud, Kulick 2009, S. 83). Als Beispiel hierfür kann das
"Aktionsbüro Mittelrhein" gelten. 26 Mitglieder standen
2012 vor Gericht. Ihnen wurde *„die Bildung und Unter-*
stützung einer kriminellen Vereinigung" (Röpke, Speit
2013, S. 239) vorgeworfen. Das Verbot einer solchen Kameradschaft hat in der Praxis meist wenige Auswirkungen.
Die gleichen Personen agieren anschließend unter einem
neuen Namen weiter wie bisher. Verbindungen zu rechtsextremen Parteien wie der NPD existieren zwar, deren
Programme werden jedoch meist als gemäßigt und zu bür-
gerlich betrachtet (Staud, Kulick 2009, S. 83).

Grundsätzlich lassen sich drei unterschiedliche Formen
von Kameradschaften feststellen: *„Einerseits gibt es gut*
vernetzte, aktionistische und straff organisierte Gruppen,
die bundesweite Kontakte pflegen. Zweitens existieren
»Kameradschaften«, die nur auf lokaler Ebene von Bedeu-
tung sind. Drittens nennen sich auch manche Gruppen
»Kameradschaft« in denen lediglich einige (meist männli-
che) Jugendliche zusammenkommen um Rechtsrock zu
hören und Alkohol zu trinken" (ebd., S. 83).

Der Bundesverfassungsschutz spricht in diesem Zusammenhang von subkulturell geprägten Rechtsextremisten[11] und ordnet dieser Szene ca. 7.400 Personen zu (Bundesministerium des Inneren, S. 70). Mit ca. 30% handelt es sich hier somit um die größte Gruppe innerhalb der rechtsextremen Szene (ebd., S. 69).

Eine neue Form der Kameradschaft stellen die "Autonomen Nationalisten" dar. Unter diesem Sammelbegriff entwickelte sich in den letzten Jahren eine antikapitalistische, moderne, militante und erlebnisorientierte Jugendkultur, welche *„sich in Kleidungsstil und Propagandamitteln an der linken Autonomenszene"* (Staud, Kulick 2009, S. 84) orientiert. Die autonomen Nationalisten erhalten sehr starken Zulauf aus dem traditionellen Kameradschaftsspektrum, jedoch sind auch die Ausstiegszahlen aus diesem Teil der rechten Szene auffallend hoch. Dies lässt sich vermutlich auf eine weniger starke ideologische Bindung zurückführen (ebd., S. 85). Die "Anti-Antifa", welche einen politischen Kampf gegen Antifa-Gruppierungen und Andersdenkende propagiert, speist sich ebenfalls aus dieser Szene (Röpke, Speit 2013, S.226). Im Bundesverfassungsschutzbericht 2013 werden die "Autonomen Nationalisten" nicht mehr als eigenständige Organisationsstruktur der extremen Rechten betrachtet, sondern als weitere Aktionsform (Bundesministerium des Inneren 2013, S. 85).

---

[11] Auch die, lange Zeit die Szene beherrschende, rechte Skinhead-Bewegung kann hier verortet werden.

Das "Forschungsnetzwerk Frauen und Rechtsextremismus" geht von einem Frauenanteil von 10 bis 33% in
Kameradschaften und weiteren rechtsextremen Cliquen
aus (Forschungsnetzwerk Frauen und Rechtsextremismus
2014, Kap. 3). Grundsätzlich wird die Beteiligung von
Frauen in den gewaltbereiten Teilen der Kameradschaften
als sehr gering eingeschätzt. Um sich gegen den dort herrschenden Chauvinismus durchsetzen zu können, übernehmen die Frauen häufig eher männliche Rollen und beteili-
gen sich aktiv an Gewalttaten (Rommelspacher 2011, S.
59).

Im Abschnitt II 2.3. wird weiter auf den Stellenwert
der Freien Kameradschaften innerhalb der extremen Rechten eingegangen, wobei das Augenmerk auf deren Mechanismen zur Mitgliederakquirierung durch die Konstruktion
eines Wir-Gefühls liegt.

Wahlverhalten

Die oben stehenden Aktionsformen in der extremen
Rechten setzen eine aktive Beteiligung eines/einer jeden
Einzelnen voraus. Ein Großteil der Bundesbürger_innen
engagiert sich jedoch nicht in Parteien und Gruppierungen
und nimmt auch nicht an Demonstrationen teil. Als eine
Möglichkeit, um die politischen Einstellungen dieser Personengruppen zu erfahren, können die letzten Wahlergebnisse gelten.

An der Bundestagswahl 2013 beteiligten sich 71,5%
der Bürger_innen. Die Parteien NPD, REP, DIE RECH-

TE, sowie die Pro-Bewegung konnten bereits der rechtsextremen Szene zugeordnet werden. Summiert man die Wahlergebnisse dieser Vier, so gaben insgesamt 1,7% der Wähler_innen ihre Stimme einer rechtsextremen Partei (Egeler 2013). Auf den ersten Blick scheint es sich hierbei um ein sehr geringes Ergebnis zu handeln. Im Vergleich zur Bundestagswahl 2009 war das Wahlverhalten in Bezug auf die NPD, wie auch REP sogar rückläufig. An früherer Stelle wurde jedoch bereits die Diskussion um die Partei "Alternative für Deutschland" (AfD) aufgegriffen. Diese erhielt 4,7% der Stimmen und verfehlte somit nur knapp den Einzug in den Deutschen Bundestag (ebd.).

Betrachtet man die Ergebnisse der Landtagswahlen 2014, zeichnet sich hier ein noch deutlicheres Bild. In Brandenburg erhielt die AfD 12,2% (bpb 2014a) der Stimmen, in Thüringen 10,6% (bpb 2014b). Auch in Sachsen konnte sich die AfD mit 9,7% beweisen (bpb 2014c). Für die Landtagswahlen im Jahr 2013 und früher spielte die AfD noch keine Rolle.

Auch bei der Europawahl 2014 ließ sich dieser Trend beobachten. Europakritische und rechtspopulistische Parteien erzielten durchweg in allen Ländern hohe Wahlergebnisse. Unter ihnen die AfD mit 7% der Stimmen und die NPD mit immerhin 1% (Keading 2014).

Zum jetzigen Zeitpunkt kann noch keine Prognose über die genaue politische Positionierung der AfD gemacht werden. Diese Partei sollte trotzdem im Blick behalten und hinterfragt werden.

In den letzten zwanzig Jahren wurden rechtsextreme Parteien zu einem Drittel von Frauen und zu zwei Dritteln von Männern gewählt (Forschungsnetzwerk Frauen und Rechtsextremismus 2014, Kap. 3). Diese konstante Aufteilung lässt sich bis in die Weimarer Republik zurückverfolgen (Birsl 2011, S. 11).

Rechtsextreme Einstellungen

Selbst die oben stehenden Wahlergebnisse geben noch kein vollständiges Bild bezüglich der Verbreitung rechtsextremer Einstellungen in der Bevölkerung wieder. Fast ein Drittel der Bundesbürger beteiligte sich nicht an der letzten Bundestagswahl. Des Weiteren gab nicht jede eher rechts denkende Person ihre Stimme einer rechtsextremen Partei (vgl. Zick, Klein 2014, S. 48). So bleiben als weitere Datengrundlage repräsentative Studien, welche einen Querschnitt der Bevölkerung nach ihren Einstellungen befragen (vgl. Frauen und Rechtsextremismus 2014, Kap. 3).

2014 initiierte die Friedrich-Ebert-Stiftung eine solche Studie, welche sich mit der Verbreitung rechtsextremer Einstellungen in der deutschen Gesamtbevölkerung beschäftigte. Hierzu wurden sämtliche Ideologieelemente, aus welchen sich ein rechtsextremes Weltbild zusammensetzt, einzeln abgefragt. Die Beteiligten sollten zu insgesamt 18 Aussagen mithilfe einer Skala[12] Stellung nehmen.

---

[12] Diese enthielt die Wahlmöglichkeiten „lehne ich völlig ab", „lehne ich überwiegend ab", „stimme teils zu/stimme teils nicht zu", „stimme ich überwiegend zu" und „stimme ich voll und ganz zu" (Zick, Klein 2014, S. 37). Die vorliegenden Prozentzahlen errechnen sich durch die Summierung der Antworten „stimme ich überwiegend zu" und „stim-

Laut dieser Studie stimmen 6,4% der Aussage zu, dass eine Diktatur im nationalen Interesse und unter bestimmten Umständen die bessere Staatsform wäre und 11,4% wünschen sich einen Führer, welcher Deutschland zum Wohle aller mit starker Hand regiert. Fast ein Drittel der Befragten ist der Meinung, die Bundesrepublik benötige eine einzige starke Partei, welche die Volksgemeinschaft insgesamt verkörpert. Antisemitische Einstellungen sind ebenfalls in nicht unerheblichem Maße anzutreffen. So gehen 8,6% davon aus, dass auch heute noch der Einfluss der Juden zu groß sei und 6,7%, dass Juden grundsätzlich mehr als andere Menschen mit üblen Tricks arbeiten, um das zu erreichen was sie wollen.

Mit der Zustimmung zu den Aussagen, Ausländer kämen nur hierher, um den Sozialstaat auszunutzen und die Bundesrepublik sei in einem gefährlichen Maß überfremdet, vertreten 17,4% bzw. 17,7% eine sehr ausländerfeindliche Einstellung. Immerhin 8,2% stimmen einer Unterscheidung von wertvollem und unwertem Leben zu und 8,4% empfinden die Bewohner_innen Deutschlands als natürlich überlegen gegenüber anderen Völkern. Weitere 18,8% sehen das oberste Ziel der deutschen Politik darin, Deutschland die Macht und Geltung zu verschaffen, die ihm zustehe und mit 35,9% stimmte mehr als ein Drittel der Aussage zu, die Einwohner_innen Deutschlands sollten wieder Mut zu einem starken Nationalgefühl haben. Auch geschichtsrevisionistische Einstellungen wurden abgefragt. So gaben beispielsweise 7,1% der Befragten an, dass die Verbrechen des Nationalsozialismus in der Ge-

me ich voll und ganz zu".

schichtsschreibung weit übertrieben wurden und weitere 10,1% sind der Meinung, der Nationalsozialismus hätte auch seine guten Seiten gehabt. 8,1% vertreten die Aussage, ohne die Judenvernichtung würde man Hitler heutzutage als großen Staatsmann ansehen (Zick, Klein 2014, S. 36f).

Der bereits seit den 1990er Jahren anhaltende Trend, dass rechtsextreme Einstellungsmuster in den neuen Bundesländern etwas stärker verbreitet sind, hält weiter an. Außerdem sind vor allem Befragte über 60 Jahre und unter 30 Jahren besonders anfällig für rechtsextreme Ideologien. Obwohl solche Einstellungen auch in der sozioökonomischen Mitte anzutreffen sind, werden sie von unteren oder oberen Statusgruppen häufiger vertreten. *„Vor diesem Hintergrund ist der gesellschaftliche Wandel, der sich durch eine Schrumpfung dieser Mitte ergibt, bedenklich"* (ebd. 2014, S. 59). Grundsätzlich kann jedoch von einem Rückgang rechtsextremer Einstellungen in der Gesamtbevölkerung im Vergleich zu 2012 und auch langfristig seit 2002 gesprochen werden (ebd., S. 58f).

„Das Aufkommen eines rabiaten Rechtspopulismus, der Stimmengewinne sucht durch eine mehr oder minder subtile Menschenfeindlichkeit und einen weniger offenen Chauvinismus als den, der von Rechtsextremen vertreten wird, muss [in diesem Zusammenhang trotzdem] bedrohlich erscheinen" (ebd., S. 59).

In Bezug auf die Kategorie Geschlecht gibt es bei dieser Untersuchung keine nennenswerten Unterschiede bezüglich des Antwortverhaltens (ebd., S. 39). Diese ungefähre Gleichverteilung lässt sich auch bei anderen (älteren)

Studien zum Thema feststellen. Lediglich der Notwendigkeit von Gewalt wird von Frauen durchgehend in geringerem Maße zugestimmt als von Männern (Forschungsnetzwerk Frauen und Rechtsextremismus 2014, Kap. 2).

2.3. Erklärungsmodelle für weiblichen Rechtsextremismus

Wie bereits aufgezeigt werden konnte, lässt sich kein erheblicher Unterschied bezüglich der rechtsextremen Einstellungsebene bei Männern und Frauen erkennen. Trotzdem agieren Mädchen und Frauen deutlich zurückhaltender als Jungen und Männer, sowohl in Bezug auf die Mitgliedschaft in Parteien und Organisationen, als auch beim Wahlverhalten. Noch deutlicher wird dieses Bild beim Thema Gewaltakzeptanz und damit verbunden der Beteiligung an Straftaten. Diese Kriterien zeigen, *„dass Frauen und Männer ein unterschiedliches Verhältnis zum Thema Rechtsextremismus haben, d.h. sie erwarten etwas anderes von ihm und engagieren sich auf jeweils unterschiedliche Weise"* (Rommelspacher 2011, S. 45).

Im Folgenden werden nun unterschiedliche Modelle erläutert, welche die geschlechtsspezifische Entstehung rechtsextremer Einstellungen erklären möchten. Dabei kann keine dieser Theorien weiblichen Rechtsextremismus umfassend beleuchten. Innerhalb der einzelnen Ansätze gibt es Überschneidungen und auch Widersprüchlichkeiten, welche jedoch nicht als Indikator für die Richtigkeit der einen oder die Falschheit einer anderen Theorie genutzt werden sollten. Die Entstehungsgeschichte einer rechtsextremen Ideologie ist genauso vielschichtig wie das Spektrum rechter Aktivitäten und von Fall zu Fall unterschiedlich.

Extrem *„rechte Handlungs- und Orientierungsmuster [sind nur dann vollständig] in ihren komplexen Strukturen und Wirkmechanismen zu verstehen, [wenn] sie in ihre Entstehungsgeschichte eingebettet werden, d.h. sowohl in ihrem individuellen, als auch sozialen und historischen Kontext rekonstruiert werden"* (Köttig 2005, S. 68).

Verunsicherungstheorie

Bereits im historischen Rückblick fand der Erklärungsansatz Heitmeyers Erwähnung. Dieser sieht die Entstehung rechtsextremer Einstellungen in der zunehmenden Individualisierung von Lebenslagen und schließt somit an das „Konzept der Risikogesellschaft" (vgl. Beck 1986) an. Seiner Meinung nach führe diese Vereinzelung zu einer Orientierungslosigkeit bei Jugendlichen, welche wiederum durch eine erhöhte Gewaltbereitschaft und die Entwicklung rechtsextremer Einstellungen kompensiert wird. Auch Gemeinschafts-Konstrukte, welche diesen vereinzelten Personen neuen Zusammenhalt geben sollen, können die Grundlage für ein erstarkendes Nationalgefühl darstellen (vgl. Heitmeyer 1992, S. 23). Diese Theorie wurde viele Male als Ausgangspunkt für weiterführende ge-

schlechterspezifische   Erklärungsmodelle   verwendet
(Köttig 2001, S. 106).

So geht beispielsweise Siller davon aus, dass Frauen
sich insgesamt bedrohter fühlen als Männer, was zu einer
stärkeren Verunsicherung führe (Siller 1997[13], zit. nach
Rommelspacher 2011, S. 45f). Das kann wiederum als
Folge des Individualisierungsprozesses betrachtet werden,
da diese negativen Gefühle durch die oben beschriebene
Orientierungslosigkeit noch verstärkt werden. So wird die
von Heitmeyer aufgestellte These genutzt, um auch ein
spezifisches Motiv für weiblichen Rechtsextremismus
auszumachen. Des Weiteren erwarte die Gesellschaft von
Mädchen und jungen Frauen einerseits einen Beruf zu
erlernen, andererseits eine gute Mutter zu sein (Birsl 1994,
S. 318).

In beiden Fällen wird der Rückzug in rechtsextreme
Gedankenmuster gewählt, um mehr Sicherheit bezüglich
der eigenen Rolle und Lebenswelt zu erlangen. Sowohl die
Forderung nach einem harten Durchgreifen (ebd., S. 318),
als auch der Wunsch nach einer (vermeintlichen) Aufwer-
tung der traditionell weiblichen Rolle als Mutter und der
damit einhergehenden Rollensicherheit (vgl. Internetauftritt der NPD), werden von rechten Ideologien aufgegriffen.

---

[13] Originalquelle: Siller, Gertrud (1997): Rechtsextremismus bei Frau-
en. Zusammenhänge zwischen geschlechtsspezifischen Erfahrungen
und politischen Orientierungen. Opladen: Westdeutscher Verlag.

Diskriminierungstheorie

Der folgende Ansatz steht ebenfalls in der Tradition Heitmeyers, erweitert seine Ausführungen jedoch um die Kategorie der geschlechtsspezifischen Sozialisationserfahrungen. So wird die Diskriminierung von Frauen[14] als Ausgangspunkt der Überlegungen genommen. Die

„geschlechtsspezifischen Auswirkungen der bestehenden gesellschaftlichen Machtstrukturen [welche zur Folge haben], dass Mädchen und Frauen einerseits struktureller Gewalt (in Form von Ungleichbehandlung am Arbeitsplatz, in Parteien etc.) und andererseits konkreter psychischer und physischer Gewalt ausgesetzt" (Köttig 2001, S. 106) sind, hat ambivalente Folgen.

Einerseits könnten die Diskriminierungserfahrungen von Frauen zu einer Identifikation mit den Opfern rechtsextremer Ideologie führen. Die Ablehnung von Menschenfeindlichkeit wie beispielsweise Rassismus oder Sexismus, liegt so gewissermaßen im Interesse der Frau selbst (Rommelspacher 2011, S. 46). Andererseits kann die eigene Diskriminierung dazu führen, schwächere Gruppen ebenfalls zu unterdrücken. In Bezug auf die sehr stark ausgeprägte Fremdenfeindlichkeit bei Frauen (vgl., Zick, Klein 2014 S. 39) bedeutet dies, dass der „Konfrontation mit dem deutschen Gewalttäter ausgewichen und gleichzeitig die eigene Zugehörigkeit als Deutsche aufgewertet" (Rommelspacher 2011, S. 46) wird, indem „die Ausländer" als wahre Vergewaltiger erkannt werden. Macht sich ein deutschstämmiger Mann einer solchen Straftat schul-

---

[14] Hierzu mehr im Abschnitt II 1.

dig, so handelt es sich nach diesem Gedankenmuster um ein individuelles Vergehen, welches nicht auf die Gesamtheit deutscher Männer bezogen werden kann (ebd., S. 47).

Privilegierungstheorie

Dieser Ansatz knüpft wiederum an die oben stehenden an und geht davon aus, dass Angehörige der westlichen Industriekulturen in der Überzeugung aufwachsen, sie gehörten einer Dominanzkultur an, also einer privilegierten Gruppe von Menschen. Die eigene Lebensweise wird als Normalität empfunden und sämtliches Fremdartige gilt als Provokation und wird somit unterworfen, oder ausgegrenzt. Da die eigene Situation hierbei immer im Vergleich zu anderen, der gleichen Dominanzkultur angehörigen, Personen gemessen wird, entsteht somit ein subjektives Empfinden darüber, „was »einem zusteht« und auch davon, was zusätzlich zu besitzen wichtig wäre" (Köttig 2005, S. 58f).

Es handelt sich somit um eine auf ständige Expansion ausgerichtete Lebensform (ebd., S. 58).

Rommelspacher beschäftigte sich mit den beiden gegensätzlichen Auswirkungen, welche durch Privilegierung von Personen (-gruppen) entstehen können:

„Zum einen profitieren die Angehörigen höherer sozialer Schichten von der sozialen Unterschichtung durch die billige Arbeitskraft von EinwanderInnen, Flüchtlingen und Menschen ohne Aufenthaltsstatus. Diese soziale Unterschichtung bestätigt Gefühle des Elitarismus und der

»Höherwertigkeit«. Auf der anderen Seite widerspricht diese Vorteilnahme der Leistungsideologie und den eigenen Gerechtigkeitsvorstellungen, denn ihren Aufstieg verdanken die Privilegierten weniger ihrer Tüchtigkeit, sondern vielmehr ihrer Zugehörigkeit zu den Alteingesessenen und Etablierten" (Rommelspacher 2011, S. 47).

Mit diesem Widerspruch einher gehe eine Status- und Abstiegsangst. Diese wiederum führe zu Abwertung anderer schwächerer Gruppen, um so die eigene Position zu stärken (ebd., S. 48).

Mit Einbezug der geschlechtsspezifischen Sozialisationserfahrungen (Abschnitt II 2.3.) ergibt sich damit folgendes: Deutsche Frauen empfinden sich einerseits einer privilegierten Elite zugehörig, andererseits erfahren sie jedoch in ihrer Rolle als Frau Diskriminierung. Von ihnen wird somit sowohl Dominanz, als auch Unterwerfung erwartet. Aus diesem Grund gelten Frauen als besonders weiblich, „wenn sie zwar deutschen Männern gegenüber als devot auftreten, Minderheiten jedoch in ihrer Rolle als Privilegierte unterdrücken" (Köttig 2005, S. 59).

Weitere Aspekte

Während die oben erläuterten Modelle Rechtsextremismus bei Frauen allgemein erklären wollen und daraus resultierend auch Indizien für die geringere Aktivität in Organisationen und Parteien herausgearbeitet werden, können auch ganz allgemeine Erklärungen für die geringere (Wahl-)Be-teiligung von Frauen bei rechtsextremen Parteien herangezogen werden. So kann beispielsweise die *„generell größere Politikdistanz von Frauen"* (Rommelspacher 2011, S. 50) und die mangelnde Präsenz weiblicher Vorbilder in rechtsextremen Parteien, Frauen grundsätzlich von der Wahl abhalten (ebd., S. 50).

Stöss zeigt des Weiteren auf, dass die "Nationalsozialistische Deutsche Arbeiterpartei" (NSDAP) zu Beginn lediglich von sechs Prozent der Frauen gewählt wurde, es jedoch nach der Machtergreifung durch Hitler keinen nennenswerten Unterschied im Wahlverhalten zwischen den Geschlechtern mehr gab (Stöss 2010, S. 168). Dies könnte ein Indiz dafür sein, dass Frauen als extrem geltende Parteien grundsätzlich weniger wählen und erst offen zu diesen stehen, wenn sie allgemeine Akzeptanz erfahren und als normal gelten. Auch hier spielt die Dimension der Gewaltbereitschaft eine Rolle. Rechtsextreme Parteien propagieren Expansionismus (z. B. die Wiederherstellung eines großdeutschen Reiches) und Gewalt als anerkannte Mittel zur Durchsetzung der eigenen Interessen. Wie bereits an früherer Stelle beschrieben, wird Gewalt (in jeglicher Form) von Frauen eher zurückgewiesen. Auch dies könnte einen Grund darstellen, weshalb sie solche Parteien nicht wählen (Rommelspacher 2011, S. 50).

Auch die Wahlprogramme rechter Parteien spielen in diesem Zusammenhang eine gesteigerte Rolle. So konnte belegt werden, dass Frauen *„ihr Verständnis von Politik [...] mehr mit ihrem alltäglichen Umfeld und ihren konkreten Lebensverhältnissen verknüpfen"* (Birsl 1994, S. 185f).

Die Programme rechtsextremer Parteien entsprechen somit meist sehr viel eingeschränkter den Vorstellungen von Frauen und sind nicht auf deren Bedürfnisse zugeschnitten (Rommelspacher 2011, S. 51). An dieser Stelle findet jedoch allmählich ein Umdenken statt. Parteien, wie die NPD, engagieren sich verstärkt auf kommunaler Ebene und präsentieren neue Zielsetzungen in der Sozial- und Familienpolitik (vgl. Staud, Kulick 2009, S. 71f).

Auch die grundsätzliche Orientierung von Frauen an außerinstitutionellen politischen Organisationen (z. B. in Friedens- oder Ökologiebewegungen) kann als Kriterium genannt werden. Nicht nur rechtsextreme Parteien weisen geringe Frauenanteile auf, selbiges gilt ebenso für fast alle anderen Parteien (vgl. Forschungsnetzwerk Frauen und Rechtsextremismus 2014, Kap. 3).

2.4. Relevante weltanschauliche Aspekte

Im Folgenden soll ein kleiner Einblick in die Gedanken- und Lebenswelt von Menschen mit rechtsextremer Ideologie gegeben werden. Dabei beschränken wir uns auf die unserer Meinung nach, für diese Arbeit, relevanten Aspekte.

Schaffung einer ethnisch homogenen Volksgemeinschaft

Ein Kernelement rechtsextremen Denkens ist der Glaube an die ethnische Ungleichheit der Menschen. Diese Kategorisierung von Individuen zu bestimmten Gruppen *„kann der Sichtbarmachung von Gleichheit, Ähnlichkeit und Unterschieden dienen. Über eine solche Zwecksetzung hinaus ist die Einteilung von Menschen in Rassen zumeist mit weiteren Bedeutungszuweisungen und Wertungen sowie Hierarchisierung, Privilegierung und Deprivilegierung verbunden"* (Plümecke 2013, S. 19).
Arthur de Gobineau veröffentlichte im 19. Jahrhundert seinen Essay über die Ungleichheit von Menschenrassen, in welchem er die weiße Rasse, und besonders deren Kern, die arische Rasse als den anderen überlegen zu erkennen meinte (vgl. Gobineau 1855[15], übersetzt nach Schemann 1902). Dieses Werk wurde seit jeher genutzt, um die Aus-

---

[15] Originalquelle: Gobineau, Arthur de (1855): Essai sur l'inégalité des races humaines.

grenzung bestimmter Personengruppen, wie beispielsweise Juden, zu rechtfertigen. Ihren Höhepunkt fand diese Praktik im Nationalsozialismus und dem Holocaust (vgl. Staud, Kulick 2009, S.25f), denn der Glaube an unterschiedliche Menschenrassen stellt die Grundlage für sämtliche Rassismen dar (Plumecke 2013, S. 34). Diese wiederum finden sich bewusst oder unbewusst bei allen Menschen und in sämtlichen Bereichen des Lebens, denn Rassismus bietet einfache Erklärungen. Da *„Menschen, nicht als Individuen [betrachtet werden], sondern als Angehörige einer Gruppe"* (Staud, Kulick 2009, S. 24) lassen sich vermeintlich unveränderliche Eigenschaften, Fähigkeiten oder Charakterzüge aus dieser Gruppenzugehörigkeit ableiten (ebd., S. 24). Hierunter zählen Plädoyers wie *„Ausländer nutzen unseren Sozialstaat aus!"*, genauso wie die Aussage, alle Deutschen seien pünktlich und genau.

Wissenschaftlich gilt die Existenz von genetischen Rassen bereits als überholt und nicht haltbar. So veröffentlichte auch die UNESCO 1995 eine Stellungnahme zur Rassenfrage, in der sie sich deutlich von der Verwendung des Begriffs distanzierte. Hier heißt es, dass es zwar *"leicht [sei], zwischen Menschen aus verschiedenen Teilen der Erde Unterschiede in der äußeren Erscheinung (Hautfarbe, Morphologie des Körpers und des Gesichts, Pigmentierung etc.) zu erkennen, aber die zugrundliegende genetische Variation selbst [...] viel weniger ausgeprägt"* (UNESCO 1995[16], S. 1, übersetzt nach Kattman 1995) sind.

---

[16] Originalquelle nicht mehr einsehbar.

Obwohl heutzutage nur noch wenige an diese bereits ausführlich widerlegte genetische Rasse glauben, ist Rassismus nach wie vor ein Teil unserer Lebenswelt. In der Praxis wird der Begriff deshalb häufig über die reine Genetik hinaus verwendet und schließt auch kulturelle, politische, religiöse und psychische Eigenschaften unterschiedlicher Gruppen mit ein (Plümecke 2013, S. 19). Die Ursache der vermeintlich unabänderlichen Andersartigkeit wird somit nicht mehr in angeborenen Merkmalen gesehen, sondern in der Sozialisation. In rechtsextremen Kreisen findet die Theorie des Ethnopluralismus deshalb großen Anklang. Der Begriff Rasse wird durch Volk, Ethnie, oder Nation ersetzt, die dahinterstehende Ideologie bleibt gleich. Hiernach teilen sich die Menschen der Welt nicht in Rassen, sondern in unterschiedliche Kulturen, welche sich vollkommen getrennt voneinander entwickelt hätten und somit auch weiterhin sauber von fremden Einflüssen gehalten werden müssten. Obwohl hier nicht grundsätzlich von einem hierarchischen Ungleichgewicht der verschiedenen Völker gesprochen wird, gehen Ethnopluralist_innen meist unterschwellig von der Überlegenheit des eigenen Volkes aus. Rassismus wird somit nicht mehr durch die Existenz einer weißen bzw. arischen Rasse gerechtfertigt, sondern durch die Zugehörigkeit zu einem vermeintlich privilegierten Volk (Staud, Kulick 2009, S. 27). *„Dabei wird vollkommen ausgeblendet, dass sich verschiedene »Kulturen« in der gesamten Menschheitsgeschichte stets vermischt und gegenseitig beeinflusst haben"* (ebd., S. 27).

Das Ziel des Rechtsextremismus ist somit die Schaffung einer „Volksgemeinschaft, in welcher der Staat und eine ethnisch homogene Bevölkerung zu einem Kollektiv verschmelzen" (Grumke 2013, S. 28). Es wird eine strikte Unterordnung des Einzelnen unter den Staat gefordert, denn *„Allein gestellt sind wir nichts – in der Gemeinschaft jedoch ist jeder alles."* (Junge Nationaldemokraten 2014, Gemeinschaft). Diese Einstellung wird bereits in der Jugendorganisation der NPD vermittelt. Das Ziel ist die Schaffung eines Wir-Gefühls, also einer kollektiven Identität (Grumke 2013, S. 30), welche eine klare Abgrenzung zwischen Freund und Feind, sowie eigenem und fremdem Volk möglich macht. Als eine Spielart dieser Einstellung kann der nationale oder völkische Sozialismus gelten. Hierbei greifen rechtsextreme Parteien die soziale Frage auf, setzen sich für Benachteiligte ein, oder argumentieren gegen den Kapitalismus und seine Folgen. Politische und soziale Probleme, wie beispielsweise die hohe Arbeitslosigkeit, werden in den Vordergrund der Programme gestellt, um die Parteien auch in der breiten Bevölkerung zu legitimieren und mehr Akzeptanz zu erhalten. Es darf jedoch nicht außer Acht gelassen werden, dass all diese Forderungen nicht der Allgemeinheit, sondern nur den zum eigenen Volk Gehörenden zugutekommen sollen (ebd., S. 31). Im Folgenden werden die Mechanismen, welche diese kollektive Identität bedingen, genauer aufgezeigt.

Konstruktion einer verschworenen Gemeinschaft

Schon im Abschnitt II 2.2. (Mitgliedschaft in Parteien und Organisationen) wurde deutlich, dass sich das Ausleben rechtsextremer Ideologie heutzutage sehr viel weniger in festgefügten Parteien und formellen Organisationen abspielt, als dies noch vor zwei Jahrzehnten der Fall gewesen wäre. Vor allem Jugendliche und junge Erwachsene fühlen sich mehr zu den eher losen Cliquen und Gruppierungen hingezogen, welche sich selbst häufig als freie Kameradschaften bezeichnen und einen „kumpelhaften Zusammenhalt suggerieren" (Speit 2005, S. 20f). Diese niedrigschwellige und erlebnisorientierte Struktur macht es möglich, sämtlichen Neuzugängen von Anfang an das Gefühl des Aufgenommen-Seins zu vermitteln. Die damit einhergehende Identifikation mit den Gruppenkameraden sorgt dafür, dass Privates und Politisches sich mehr und mehr vermischt (Pfeiffer 2013, S. 45f). Aussteiger_innen berichten immer wieder, dass gerade dieser Mythos der Kameradschaft den Reiz der rechten Szene bedingen würde.

Speit spricht in diesem Zusammenhang von fünf Faktoren, welche den Zusammenhalt rechtfertigen und das Gefühl der Zugehörigkeit zu einer verschworenen Gemeinschaft stärken sollen:

1. Die Imagination der Ahnenreihe vom Germanen bis hin zum SS-Angehörigen,

2. die Idealisierung des Nationalsozialismus,

3. die Glorifizierung des »kämpfenden Mannes« der für das »Vaterland streitet« und der »arischen Frau«, die die »Rasse reinhält«,

4. die Phantasmagorie der Bedrohung des »deutschen Volkes« durch »Juden«, »Kanaken« und »Zecken« [sic!]

5. die Inszenierung als Opfer der »jüdischen Weltverschwörung« und des »undeutschen Staates«, dem sie trotz allem treu und ehrenhaft als Widerstandkämpfer entgegentreten

(Speit 2005, S.15f).

Gemeinschaftliche Aktionen wie Gedenkmärsche für vermeintliche Märtyrer (vgl. Staud, Kulick 2009, S. 121), oder allgemein für die „Helden der Wehrmacht" (vgl. Speit 2005, S. 26), Stammtische, Kameradschaftsabende und Schulungen (ebd., S. 25) sind nicht nur *„für den festen Szenegänger attraktiv [...] [, sondern] auch für das offenere Szene-Publikum"* (ebd., S. 26).

Identitätsgebende Symbole und Bilder in Form von Schmuck, Aufnähern, einschlägigen Modemarken etc. stellen ebenfalls unabdingbare Zeichen der Zugehörigkeit dar. Als essenziell können des Weiteren milieutypische und jugendaffine Medien wie Musik, Comics oder das Internet gelten (Pfeiffer 2013, S. 45). Vor allem Ersteres spielt eine sehr große Rolle in der extremen Rechten, wie schon daran erkannt werden kann, dass mit dem Rechtsrock ein eigenes Szene-Musikgenre existiert. Liedertexte sind wohl eines der wichtigsten Propagandamittel, wird doch meist *„freundschaftlicher Zusammenhalt, heldenhaf-*

te Kameradschaft und [der treue] Kämpferbund" (Speit 2005, S.9) besungen.

Durch das kostenlose Verteilen einschlägiger Musik-CDs, oder das Einladen zu Konzerten und Partys, wird eine sehr niedrigschwellige Möglichkeit der Kontaktaufnahme mit Interessierten geschaffen (Staud, Kulick 2009, S. 42f). Um ein staatliches Eingreifen bei einschlägigen Musikveranstaltungen zu verhindern, werden die Veranstaltungsorte häufig erst kurz vor Beginn bekanntgemacht, oder es wird lediglich ein Vorabtreffpunkt angegeben, bei welchem sich die Teilnehmenden versammeln, um anschließend zum Ziel geführt zu werden. Diese Sicherheitsvorkehrungen führen bereits zu einer engeren Verbundenheit, schließlich gehören die Anwesenden zu einer verschwiegenen Anzahl Auserwählter, deren Aktivitäten unter allen Umständen geheim gehalten werden müssen (Speit 2005, S.17f). Mit dem Besuch solcher Veranstaltungen geht somit die Einbindung in Gruppierungen und Kameradschaften fast automatisch einher.

Es ist nicht in erster Linie die Gedankenwelt, welche die Jugendlichen und jungen Erwachsenen fesselt, sondern die damit verbundene Erlebniswelt. Mit dem Aufstieg innerhalb der Gruppe steht jedoch auch einer weiteren Ideologisierung nichts mehr im Wege (ebd., S. 22).

Auch Frauen sind in diesem Bereich der extremen Rechten aktiv, wie schon die Existenz mehrerer Rechtsrock-Bands mit weiblichen Mitgliedern bestätigt. Auch in deren Liedern sind *„Zusammenhalt und Gemeinschaft [...] zentrale Themen"* (Speit 2005, S. 12). Häufig wird ein gemeinsamer Kampf von Mann und Frau gegen die Feinde der Volksgemeinschaft besungen. Dieser scheinbar emanzipatorische Ansatz muss bei einem genaueren Hinsehen jedoch revidiert werden. Denn *„diese militanten Frauen passen sich an die männlichen Rollenbilder an, um sich von ihren männlichen Mitstreitern die vorenthaltene Anerkennung abzutrotzen. [...] Eine Auseinandersetzung zwischen den Geschlechtern um ein verändertes Rollenverhalten für beide findet nicht statt"* (Rommelspacher 2011, S. 59).

Die in den Kameradschaften aktiven Frauen erfahren somit meist nur dann Anerkennung, wenn sie sich den männlichen Mitgliedern vollkommen anpassen, also *„genauso mitsaufen, genauso rumgrölen, genauso mitsingen und genauso rumschlagen"* (Speit 2005, S. 30).

Trotz dieser Rollenanpassung bewegen sich die Frauen auf sehr dünnem Eis, denn *„die Frau ist immer Schuld [...] auch für die Frauen"* (ebd., S. 30).

Zwischen der vollständig anerkannten weiblichen Kameradin, deren Geschlecht kaum eine Rolle spielt und der *"Schlampe"*, die vorhat *„sich weiter hoch zu huren"* (ebd., S. 31) können nur Augenblicke liegen. Auch bei den weiblichen Gruppenmitgliedern untereinander spielen Demütigungen eine Rolle, von einer Solidarität unter den Frauen kann also nicht gesprochen werden. Jede steht in diesem Kampf um Anerkennung in den männlich dominierten Gruppen für sich allein (ebd., 30).

Auch das Bild der verschworenen, füreinander einstehenden Gruppe bröckelt, wenn ein Blick hinter die Kulissen geworfen wird. Gewalt gilt hier nämlich nicht nur als ein Mittel, um sich außerhalb der eigenen Reihen Gehör zu verschaffen. Die Androhung und Nutzung körperlicher Gewalt als Möglichkeit des Konfliktlösens ist in der gesamten Szene präsent und wird auch bei banalsten Auseinandersetzungen verwendet (Speit 2005, S. 27). Eine ähnlich negative Seite zeigt sich auch in der gegenseitigen Hilfe, welche von der extremen Rechten häufig propagiert wird. So berichtet eine Aussteigerin, dass *„kümmern [nicht nur bedeutet] nur mal zu helfen, wenn Geld fehlt, oder ein Umzug ansteht [...], sondern auch nachzuprüfen, warum man mal nicht zu einem Aufmarsch mitkam, oder jemanden wegen Fehlverhaltens zurechtzuweisen"* (ebd., S. 21).

Diese beiden Beispiele zeigen, welchen Preis ein/e je-de/r für die Akzeptanz in der Gruppe zu zahlen hat. Möchte man diesem Druck und der ständigen Kontrolle entkommen und denkt über eine Distanzierung zur rechten Szene nach, so können diese ehemals eher positiv empfundenen Gegebenheiten schnell ins Negative umschlagen. Aussteiger_innen erleben nicht selten die Gewaltbereitschaft ihres ehemaligen Freundeskreises am eigenen Leib. Aus diesem Grund existieren Programme, welche Personen *„unterstützen [...], die der rechtsextremen Szene den Rücken kehren wollen [. Diese] helfen ihnen beim Ausstieg"* (vgl. Internetauftritt von EXIT Deutschland).

Geschlechterkonzepte in der extremen Rechten

Versucht man die obenstehenden beiden Kapitel miteinander in Verbindung zu bringen, so ergibt sich folgendes Bild: Die Reinhaltung des eigenen Blutes zur Schaffung einer ethnisch homogenen Volksgemeinschaft gilt
nach wie vor als das oberste Ziel rechter Ideologie. Die
Familie wird in diesem Zusammenhang als *„die Keimzelle
der Nation und das Sinnbild von Vertrautheit, sozialen
Zusammenhalt, Wohlgeordnetheit und Natürlichkeit [be-
trachtet]. Sie gilt als Grundlage des Volkes und Träger
des biologischen Erbes"* (Rommelspacher 2011, S. 54).

Es findet geradezu eine Mystifizierung der Familie
statt, schließlich macht der Glaube an ein vollkommen
verklärtes Bild der per se als harmonisch und glücklich
dargestellten Familie eine Abgrenzung zum Nicht-
Dazugehörigen erst möglich. Die Gesellschaft wiederum
wird als Erweiterung dieser Familienbande begriffen. Das
Ziel der extremen Rechten ist somit ein Staat, welcher sich
nach dem Modell dieses kleinbürgerlichen Idylls richtet.
In einer Familie kennt jedes Mitglied seinen Platz. Über-
trägt man dieses Bild auf eine ganze Nation, so wird klar,
warum Rechtsextremisten eine grundsätzlich antidemokra-
tische Einstellung vertreten. Nach diesem Prinzip müsste
ein jeder seine Rolle und Position für die Gesellschaft
kennen. Demokratie ist demnach nicht nötig, da kaum
unterschiedliche Meinungen vertreten werden (ebd., S.
55). Diese Idee der Staatsführung setzen die Kameradschaften wiederum im Kleineren fort (Speit 2005, S. 22).

Sie bilden somit eine Übergangsform zwischen der Klein-
familie und der umfassenden Gemeinschaft.

Diese Vorstellung prägt das Geschlechterverständnis
ungemein. Schließlich wird von alters her die Meinung
vermittelt, die Frau habe sich um die Familie zu sorgen.
So wird in rechtsextremen Kreisen die gebärende Mutter
als die Erhalterin der Nation und des Familienglücks betrachtet. Die damit einhergehende vermeintliche Aufwer-
tung der Mutterrolle bleibt jedoch weitestgehend fiktiv, da
der Mann in diesem traditionellen Weltbild nach wie vor
der Frau übergeordnet ist (Rommelspacher, S. 55).

Es ist nicht verwunderlich, dass vor allem die allesamt
stark männlich dominierten rechtsextremen Parteien diese
traditionelle Geschlechterverteilung gutheißen. Wie bereits an früherer Stelle beleuchtet, spielen Frauen jedoch
auch in diesem Bereich eine größer werdende Rolle. So
*„wissen die männlichen Kader [inzwischen zwar] um die
Wirkung ihrer Mitstreiterinnen im politisch-öffentlichen
Raum, doch in der partei- oder szeneinternen Hierarchie
würdigen die Herren das Engagement der Frauen weniger"* (Röpke, Speit 2011, S. 12).

Die Frauen, welche sich - den männlichen Mitgliedern
der Szene zum Trotz - in der Politik engagieren, befinden
sich somit in einem *„Zwiespalt zwischen ihren eigenen
Positionen und denen ihrer Partei"* (Rommelspacher
2011, S. 57). Aus diesem Grund werden sie häufig eher
bei sozial- und familienpolitischen Themen tätig (ebd., S.
58).

Auch in der rechten Musik werden Frauen entweder
als *„Objekte sexualisierter Gewaltvorstellungen [...], oder*

75

[als] völlig idealisierte Traumfrauen [...] bar jeglicher Individualität und realer Entsprechung" (Speit 2005, S. 12) besungen. Diese beiden Gegensätze aufgreifend, herrschte und herrscht in der Öffentlichkeit teilweise immer noch die Ansicht, eine Rechtsextremistin könne anhand ihres Äußeren erkannt werden. Dabei gelten hauptsächlich zwei vollkommen unterschiedliche Erscheinungsformen als typisch rechts. So werden *„Renees, also [der] weibliche [...] Gegenpart zu dem rechtsextremen Skinhead [wie folgt beschrieben]: Abrasierte Haare mit einem so genannten Kranz, kurze Röcke oder hochgekrempelte Jeans, typische Bekleidungsmarken der Skinheadszene und der extremen Rechten. [Sie werden eher als] sexualisiertes Objekt wahrgenommen, denn als rechtsextrem denkende und handelnde Person."* (Forschungsnetzwerk Frauen und Rechtsextremismus, Kap. 6)

Dem gegenüber stünde das sehr traditionelle treudeutsche Mädel, welches durch sein biederes Aussehen auffiele. In der Vorstellung tragen diese Frauen lange blonde Zöpfe und knöchellange Röcke. Ihre Aufgabe innerhalb des Volkes sähen sie dabei allein in der nationalen Kindererziehung (ebd., Kap. 6).

Diese Einteilung in zwei Erscheinungsformen kann als vollkommen überholt gelten. Heutzutage können weder Männer noch Frauen aufgrund ihres Aussehen einer bestimmten Ideologie zugeordnet werden, was die Gefahr des Übersehenwerdens natürlich stark erhöht. Es erfordert eine Sensibilisierung der Gesellschaft, um Rechtsextremist_innen heutzutage überhaupt erkennen zu können (ebd., Kap. 6).

So wie das Aussehen der Frauen nie homogen war, so ist auch das Rollenverständnis innerhalb der extremen Rechten sehr stark ausdifferenziert und bietet heutzutage die gesamte Bandbreite von sehr traditionellen bin hin zu fast feministisch anmutenden Konzepten. Unterschiedliche Auffassungen werden beispielsweise bei den Themen grundsätzliche Vorstellungen zum Geschlechterverhältnis, Berufstätigkeit von Frauen, Wiedererstarkung der Familie, Sexualität, Pornografie und sexualisierte Gewalt, sowie Schwangerschaftsabbruch vertreten (Bitzan 2005, S. 75). Die Einstellungen reichen in sämtlichen Bereichen von einem Pol bis zum Anderen und können natürlich nicht klar voneinander abgegrenzt werden. Bei den folgenden Beschreibungen handelt es sich um die Extrempunkte dieser Skala. Sie sollen dazu dienen, das breitgefächerte Spektrum weiblichen Rechtsextremismus zu verdeutlichen.

Einige Frauen vertreten die Ansicht, dass ihr Geschlecht von Natur aus für die Rolle der Mutter ausgerichtet sei und sie hierfür auch besondere soziale Anlagen besitzen würden (Kurth 1997, S. 20). Dieser Glaube an *„das Modell der Geschlechterpolarität [verweist] die Frauen vornehmlich in den Bereich von Familie und Mutterschaft und in die ergänzende Beziehung zu Männern"* (Bitzan 2005, S. 75).

Ein *„Rollentausch [, wie er durch die Berufstätigkeit der Frau stattfindet, würde demnach] allenfalls Identitätsprobleme der Beteiligten mit sich"* (Kurth 1997, S. 20) bringen und dürfe demnach nur in besonderen Ausnahmesituationen durchgeführt werden. Feminismus und Emanzipation werden von den Verfechterinnen einer solchen Einstellung als egoistische Versuche einer falschen weiblichen Selbstverwirklichung angesehen, welche weder der Familie, noch der Frau selbst nützt. Ziel eines Kampfes solle vielmehr die Steigerung des Selbstbewusstseins in der Rolle als Mutter sein, damit jede spüren könne welche Freude mit dieser verbunden sei und so auch junge Frauen einer Schwangerschaft wieder positiv entgegen stünden. In diesem Zusammenhang wird auch immer wieder darauf hingewiesen, dass ein Schwangerschaftsabbruch mit Mord gleichzusetzen sei und die Frau mit dieser Entscheidung den Erhalt ihres Volkes gefährde. Eine Ausnahme wird hier bei der Abtreibung von *„Kindern »mit Behinderung«* *oder so genannten »Mischlingen« [gemacht], bei denen* *[diese] geradezu zur Pflicht erhoben wird"* (Bitzan 2005, S. 78).

Weibliche Sexualität wird einzig und allein als Mittel zur Empfängnis betrachtet.

Den Gegenpol hierzu bilden diejenigen rechten Frauen, welche sich als *„vollständige und eigenständige Menschen [betrachten], denen alle Bereiche der Entfaltung offen stehen sollen"* (Bitzan 2005, S. 76). Damit einher geht die Selbstverständlichkeit weiblicher Berufstätigkeit, wobei Familie und Beruf als miteinander vereinbar gelten und auch innerfamiliär ein gleichberechtigtes Miteinander zwischen Frau und Mann angestrebt wird. Weibliche Sexualität wird nicht lediglich als notwendig für die Fortpflanzung betrachtet, so dass Frauen in Teilen der Szene eine regelrechte *„sexualisierte Selbstinszenierung"* (ebd., S. 77) betreiben.

Beim Thema Abtreibung liegt die Entscheidungsfreiheit bei der Frau selbst. Als besonders erwähnenswert kann in diesem Zusammenhang der Erklärungsansatz zur Gleichberechtigung der Geschlechter von einigen rechten Frauen gelten, welche fast feministische Ansichten vertreten. Hier darf jedoch der Glaube an die ethnisch homogene Volkgemeinschaft nicht vergessen werden, denn die Forderungen dieser Frauen gelten nicht für die Allgemeinheit, sondern schließen lediglich die als gleichwertig geltenden Personen mit ein. Diese nationalen "Feministinnen" greifen für ihre Theorie auf Überlieferungen der Germanen[17] zurück. Das germanische Volk gilt in rechtsextremen Kreisen als Ursprung der arischen Rasse (vgl. Abschnitt II 2.4.). Sie behaupten dieses Volk lebte *„in einem emanzipierten ganzheitlichen Geschlechterverhältnis. [...] Frauen hätten aufgrund der gleichberechtigten familiären Arbeitsteilung am politischen Leben und an Volksversammlungen teilnehmen können [sic!] sowie Berufe aller Art ausgeübt"* (Jung 1995, S. 31).

Angeblich endete diese Gleichberechtigung mit der Einführung der jüdisch-christlichen Dogmenlehre, denn erst diese habe das patriarchal orientierte Gesellschaftskonzept des Orients im germanisch dominierten Norden durchgesetzt (Rommelspacher 2011, S. 63). In dieser Argumentation kann außerdem ein ganz klarer antisemitischer Ansatz erkannt werden, schließlich sei die Rassen-

---

[17] In diesem Zusammenhang gelten die Germania und die Edda als die wichtigsten Schriften. Der Wahrheitsgehalt beider Bücher wird als gering beschrieben, da es sich um teils vollkommen übertriebene Geschichten und Sagen ohne historische Belege handele (vgl. Stange 2004).

mischung zwischen Juden und Germanen schuld am Ungleichgewicht der Geschlechter und somit könne durch die
Erreichung der Rassenreinheit eine Rückbesinnung auf die
angeblichen germanischen Werte stattfinden, was automatisch die Abkehr vom Patriachat bedeute (Jung 1997, S.
31).

In diesem Zusammenhang ist häufig von der „Gleichheit in der Ungleichheit" (Rommelspacher 2011, S. 63)
die Rede. Das bedeutet, dass auch innerhalb der germanischen oder arischen Rasse, bestimmte Männer und Frauen
privilegiert behandelt werden sollen. Diese Positionierung
soll jedoch nicht das Geschlecht, sondern die Tüchtigkeit
eines jeden Einzelnen als Bezugsgröße verwenden. Dieser
exklusive Gleichheitsbegriff setzt somit „die »besten«
Frauen [...] wiederum mit den »besten« Männern gleich"
(Rommelspacher 2011, S. 63).

Die Realität in der extremen Rechten malt dabei ein
anderes Bild. Zwar wird die Kategorie Geschlecht grundsätzlich der Zugehörigkeit zur ethnisch homogenen
Volksgemeinschaft nachgeordnet (Antifaschistisches
Frauennetzwerk, Forschungsnetzwerk Frauen und Rechtsextremismus, S. 9), das „Frauenbild ist [jedoch trotzdem]
in weiten Teilen der Szene meist von Sexismus oder
schlichter Ignoranz geprägt" (ebd., S. 10). Das hindert
„die Frauen aber nicht daran, sich mit den Zielen der
rechten Bewegung zu identifizieren in der sie oftmals ignoriert werden" (Antifaschistisches Frauennetzwerk, Forschungsnetzwerk Frauen und Rechtsextremismus 2005, S.
10).

3. Häusliche Gewalt

Wie im vorhergehenden Abschnitt über rechte Frauen, wird auch im folgenden Teilbereich über häusliche Gewalt zunächst eine theoretische Verortung vorgenommen (Abschnitt II 3.1). Unumgänglich ist es hierbei, relevante Hintergründe und Zahlen (Abschnitt II 3.2) vorzustellen, um diese anschließend zu interpretieren. Im Abschnitt II 3.3 wird auf Erklärungsmodelle zur Entstehung häuslicher Gewalt eingegangen, bevor unterschiedliche Formen von Beziehungsgewalt und deren Folgen erläutert werden (Abschnitt II 3.4 und 3.5). Schließlich wird im Abschnitt II 3.6 das Nutzungsverhalten betroffener Frauen in Bezug auf Hilfseinrichtungen skizziert (Abschnitt II 3.6).

3.1. Gewalt gegen Frauen: Eine theoretische Verortung

Im Folgenden soll zunächst der Begriff der Gewalt näher erläutert werden, um einen Eindruck der Vielschichtigkeit dieses Komplexes zu erhalten. Anschließend wird die Geschichte der Enttabuisierung häuslicher Gewalt dargestellt.

Annäherung an den Begriff Gewalt

Beschäftigt man sich mit dem Begriff der Gewalt, stellt man schnell fest, dass keineswegs eine einheitliche Definition existiert. Dies ist auch nicht verwunderlich, wenn man die verschiedenen Ebenen der Gewalt betrachtet. So sind die einzelnen Gewalthandlungen äußerst vielfältig, und durch psychologische, soziale und kulturelle Vorgänge beeinflusst, was eine theoretische Einordnung erschwert (vgl. van Riel 2005, S. 6ff). Zusätzlich hat der Begriff in der deutschen Sprache mehrere Bedeutungsinhalte. Er bezeichnet beispielsweise die Staatsgewalt und deren Träger, wie auch Verfügungs- und Besitzverhältnisse und meint ebenso die körperliche Gewaltanwendung (Gugel 2010, S. 54).

In der Alltagssprache wird Gewalt grundsätzlich als *„Schädigung und Verletzung von Personen oder Sachen"* (ebd., S. 55) verstanden, und häufig synonym zu dem Begriff Aggression verwendet. Auch in Teilen der Fachliteratur wird die Auffassung vertreten, Gewalt sei eine *„schwere Form [...] von körperlicher Aggression, die vor dem Hintergrund einer relativen Macht gegenüber dem Geschädigten ausgeübt"* (Hartung 2010, S.143) wird.

Der Begriff ist auch deshalb so schwer definierbar, weil das Thema Gewalt gesellschaftlichen Veränderungen, Konjunkturen und Interessen unterliegt. Daher verändert sich auch die Vorstellung darüber, was unter Gewalt verstanden wird, welche Formen der Gewalt wahrgenommen beziehungsweise ausgeblendet werden, und welche Verhaltensweisen als problematisch angesehen werden (Hagemann-White, Lenz 2011, S. 178).

Die Festlegung, welche Verhaltensweisen in einer Gesellschaft akzeptiert und welche als Gewalt abgelehnt werden, unterliegt zusätzlich kulturellen Einflüssen. Somit sind auch die Grenzen dessen, was als Gefährdung wahrgenommen wird, fließend, da sich Wertvorstellungen und gesellschaftliche Normen in ständiger Wandlung befinden (WHO 2003, S. 5). Gewalt könnte daher definiert werden als *„alle diejenigen Erfahrungen, die gesellschaftlich als Gewalt angesehen werden"* (Schneider 1987, S. 30), ohne damit dem Kern des Wortes nähergekommen zu sein.

Festzuhalten bleibt, dass die Definition von Gewalt im gesellschaftlichen Zusammenhang zum Werturteil wird und von sozialen Gegebenheiten abhängig ist (Leuze-Mohr 2001, S. 20).

Neben der sozialen Interpretation orientiert sich die Definition zusätzlich an dem jeweiligen Sachzusammenhang, in welchem der Begriff benutzt wird. So weist die Weltgesundheitsorganisation WHO darauf hin, dass eine für die Soziale Arbeit brauchbare Definition zweifellos anders aussehen wird, als eine der Justiz (WHO 2003, S. 5). Trotz dieser Schwierigkeiten etablierte die WHO folgende, allgemeingültige Definition:

„Der absichtliche Gebrauch von angedrohtem oder tatsächlichem körperlichem Zwang oder physischer Macht gegen die eigene oder eine andere Person, gegen eine Gruppe oder Gemeinschaft, der entweder konkret oder mit hoher Wahrscheinlichkeit zu Verletzungen, Tod, psychi-

schen Schäden, Fehlentwicklung oder Deprivation führt" (WHO 2003, S. 6).

Als weltweiter Konsens ist diese Definition sehr breit und beinhaltet verschiedene Formen der Gewalt und verschiedene Handlungen, sowie Folgen des gewalttätigen Verhaltens. Aufgrund der Begriffsweite eignet sich diese Definition als tragfähige Wissensgrundlage und dient dem weltweiten Datenvergleich (vgl. WHO 2003, S. 6), jedoch ist sie für die praktische Anwendung zu unspezifisch.

Insbesondere im Strafrecht wird eine inhaltlich genau definierte Begriffsbestimmung benötigt, da Gewalt häufig das Tatbestandsmerkmal einer Straftat darstellt. Doch auch in diesem Bereich ist der Begriff nach wie vor ungeklärt und umstritten (Leuze-Mohr 2001, S. 23). Bis ins Jahr 1951 wurde Gewalt *„als physische Einwirkung des Täters auf das Opfer zur Überwindung eines geleisteten oder erwarteten Widerstands begriffen"* (BVerfG, 2 BvR 932/06 vom 29.3.2007, Absatz-Nr. 14). Jedoch verlor das Kriterium der physischen Einwirkung an Bedeutung. Stattdessen etablierte sich eine physische Zwangswirkung beim Opfer als entscheidendes Charakteristikum von Gewalt. Im Jahr 2001 erfolgte eine Grundsatzentscheidung, wonach auch psychisch empfundener Zwang den Tatbestand der Gewaltausübung erfüllt (BVerfG, 2 BvR 932/06 vom 29.3.2007, Absatz-Nr. 15-18). Dabei werden in der Rechtsprechung zwei Erscheinungsformen der Gewalt unterschieden. Die Gewalt kann zum einen zu einem kompletten Ausschluss der Willensentscheidung oder Willensverwirklichung einer anderen Person führen (absolute

Gewalt), oder diese nur beeinträchtigen (zwingende Gewalt) (Köbler 2012, S. 184).

Zusammenfassend lässt sich sagen, dass Gewalt immer darauf abzielt, andere zu schädigen - körperlich, seelisch, sexuell oder in ihrer sozialen Teilhabe. Dabei ist Gewalt im Alltag zum einen mit Positionen von Dominanz, beziehungsweise Macht und Unterordnung, zum anderen mit Geschlechtsidentitäten verstrickt (Hagemann-White, Lenz 2011, S. 178).

In der sozialwissenschaftlichen Fachdiskussion wird von diesen Formen der Gewalt der Begriff strukturelle Gewalt unterschieden. Diese ist sozial und personal nicht sichtbar, sondern liegt in gesellschaftlichen Ausgrenzungs- und Abwertungsprozessen gegenüber sozialen Randgruppen (Böhnisch 2005, S. 382). Sie liegt vor, wenn es keine_n direkte_n Täter_in gibt, aber einen negativen Dauerzustand, wie beispielsweise Armut, Unterdrückung oder Ausbeutung. Damit ist Gewalt all jenes, was einem Menschen Schaden zufügt, und etwas, das der menschlichen Selbstverwirklichung im Wege steht (Leuze-Mohr 2001, S. 21).

Dieser Ansatz hat im Bereich der häuslichen Gewalt uneingeschränkte Gültigkeit, da von vielen Mitarbeiterinnen der Frauenhäuser die Meinung vertreten wird, Gewalt gegen Frauen sei Ausdruck gesellschaftlich bedingter Macht- und Herrschaftsverhältnisse. Diese Überzeugung wird auch von den Vereinten Nationen vertreten, die in einer Resolution vom 17.12.1999 ausdrücklich auf die

Erkenntnis hinweisen, *„dass Gewalt gegen Frauen eine Ausdrucksform der traditionell ungleichen Machtverhältnisse zwischen Männern und Frauen ist, die zur Beherrschung und Diskriminierung der Frauen durch die Männer geführt und den Frauen volle Chancengerechtigkeit vorenthalten haben, und dass Gewalt gegen Frauen einer der maßgeblichen sozialen Mechanismen ist, durch den Frauen gegenüber Männern in eine untergeordnete Stellung gezwungen werden"* (Vereinte Nationen, Resolution 54/134).

Diese Erkenntis kann als Ausdruck der Enttabuisierung häuslicher Gewalt bezeichnet werden.

Historischer Abriss zur häuslichen Gewalt

Die Geschichte dieser Enttabuisierung von häuslicher Gewalt ist eng verknüpft mit den beiden Frauenbewegungen. Die erste formierte sich Ende des 19. Jahrhunderts mit dem Ziel, die ökonomische, politische und rechtliche Abhängigkeit vom Ehemann aufzulösen. Geprägt wurde diese Bewegung vom Dissens zwischen bürgerlichen Frauen, welche eher konservative Einstellungen vertraten und die innereheliche Rollenverteilung zwischen Mann und Frau nicht grundsätzlich infrage stellten, und proletarischen Frauen. Diese waren Teil der sozialistischen Arbeiterbewegung und forderten gleiche Rechte am Arbeitsplatz, in der Gesellschaft und im Privatleben. Zu den Erfolgen der Bewegung zählen insbesondere das Wahlrecht für Frauen und die Öffnung von weiterführenden Schulen und Universitäten (vgl. Sommerhoff 1995, ab S. 14).

Inhaltlich schloss die zweite Frauenbewegung Ende der 1960er Jahre eher an die Positionen der Proletarierinnen an. Verortet in den linken Studierendenprotesten verstand sich die Bewegung *„als »neu« und ausdrücklich »autonom« [...], weil sie sich ganz bewusst von der etablierten, traditionellen und zahm gewordenen Politik der Frauenverbände absetzte und weil sie wie die anderen neuen sozialen Bewegungen nicht nur auf Gleichberechtigung und Partizipation im bestehenden System, sondern auf die Veränderung dieser Gesellschaft und eine andere Form der Politik und politischer Teilhabe zielte"* (Gerhard 2009, S. 110).

Von der Grundthese ausgehend, dass es keine Trennung zwischen dem Privaten und dem Politischen geben dürfe, sollte die politische Dimension und die Veränderbarkeit scheinbar privater Beziehungsstrukturen hervorgehoben werden. Sie leiteten einen kollektiven Lernprozess ein, wonach *„ökonomische und soziale Benachteiligungen und strukturelle und individuelle Gewalt gegen Frauen kein persönliches Schicksal, sondern ein öffentliches Politikum seien, das es anzuprangern und zu verändern gelte"* (Notz 2011, S. 79). Dadurch erzwang die Bewegung die öffentliche Auseinandersetzung mit Themen wie der Selbstbestimmung über den eigenen Körper, Schwangerschaftsabbruch, gleichgeschlechtliche Liebe oder eben Gewalt gegen Frauen (Sommerhoff 1995, S. 80).

Der Enttabuisierung durch die Frauenbewegung ist es zu verdanken, dass heutzutage Gewaltbeziehungen sichtbar geworden sind, und sich die Politik mit dem Thema auseinandersetzt. Im Zuge dessen wurden die ersten Frauenhäuser eröffnet. Zu Beginn gründeten sich autonome Frauenhäuser, deren ursprüngliche *„basisdemokratische Leitideen wie Selbstorganisation ohne Hierarchie, Gleichheit (Plena aller Frauen als zentrales Entscheidungsgremium) und gemeinsame Betroffenheit"* (Brückner 2011, S. 146) waren. Dieses Selbstverständnis hat sich über die Jahre hinweg verändert (vgl. Abschnitt II 4.1). Als weiteres Verdienst der Bewegung kann die Etablierung der frauenspezifischen Forschung gelten. Bereits in der 1970er Jahren gründeten sich verschiedene Frauenforschungs- und Bildungszentren. Diese verstanden sich *„als Kritik an der etablierten herrschenden Wissenschaft und Forschung, die Frauen - bevor die Frauenforschung entstand - sowohl als Subjekt als auch als Objekt - weitestgehend ausschloss und nur reduziert und verzerrt wahrnahm"* (Notz 2011, S. 29).

3.2. Hintergründe und Zahlen

Seit damals wurde der Bereich der häuslichen Gewalt erforscht, sodass heute ein umfassenderes Verständnis des Komplexes vorliegt. Definitorische Grundlagen, Ausmaße und Risikofaktoren, sowie die damit einhergehende besondere Gefährdung bestimmter Personengruppen, sollen im Folgenden genauer beleuchtet werden.

Definition

Um das Phänomen der häuslichen Gewalt zu beschreiben, wurden im Laufe der Zeit unterschiedliche Begriffe diskutiert und verwendet, die bis heute zum Teil nebeneinander stehen. Je nach Kontext variieren die Schwerpunkte der Begriffsbestimmung.

In den 1970er Jahren sprachen die Anhängerinnen der neuen Frauenbewegung von Gewalt gegen Frauen. Dieser Begriff „*versteht die Gewalt umfassend als Resultat der alle gesellschaftlichen Bereiche strukturierenden Ungleichheit zwischen den Geschlechtern mit all ihren konkreten Folgen für Alltag und Lebensgestaltung*" (Kavemann et al. 2001, S. 19). Außerdem enthielt der Begriff die Forderung nach Gleichbehandlung mit anderen Gewalthandlungen, so dass das Thema nicht länger als privates Problem aus dem Bewusstsein der Gesellschaft ausgegrenzt werden konnte. Die Folge der Begriffssetzung war, dass sie somit politikfähig und in sozialen, psychologischen und rechtlichen Kategorien diskutierbar wurde (ebd., S. 19).

Mit zunehmender Ausdifferenzierung des Hilfesystems in den 1990er Jahren wurden neue Begriffe geprägt, die pragmatischer, weniger polarisierend und konsensfähig waren, um dadurch breitere Interventionsbündnisse schließen zu können (ebd., S. 24). In der Folge wurden vielfältige Termini etabliert, wie beispielsweise Gewalt im sozialen Nahraum, Gewalt im häuslichen Bereich, Männergewalt in Familien, oder Gewalt in engen sozialen Beziehungen. Diese Bezeichnungen beziehen sich sowohl auf ein lokales Kriterium (Nahraum, häuslicher Bereich), als auch auf Interpersonalität (Beziehung, Familie), und schließen die Kategorie Geschlecht nicht aus (vgl. Hagemann-White, Kavemann 2004, S. 11).

Der Begriff der häuslichen Gewalt etablierte sich 1995 mit der Gründung des "Berliner Interventionsprojektes gegen häusliche Gewalt" (BIG). Dieser wurde zunächst seitens der Frauenhäuser kritisiert, da die Geschlechterdimension ausgeblendet würde. Jedoch bietet diese Bezeichnung auch Vorteile. So werden, anders als in damals gebräuchlichen Bezeichnungen wie Gewalt in der Ehe, auch Kinder mit einbezogen und die gesamte Bandbreite der sozialen Beziehungen benannt. Außerdem schließt die geschlechtsneutrale Formulierung gewaltbetroffene Männer nicht aus, was in der Öffentlichkeit zu erhöhter Glaubwürdigkeit führte (Hagemann-White, Kavemann 2004, S. 10).

Hinter dem vermeintlich neutralen Begriff findet sich in der Selbstdarstellung des Vereins jedoch eine Definition, die eindeutig das Geschlechterverhältnis einbezieht:

„Häusliche Gewalt wird fast ausschließlich von Männern gegen Frauen ausgeübt, und zwar im vermeintlichen Schutzraum des eigenen Zuhause. Sie ist an das strukturelle Machtverhältnis zwischen den Geschlechtern gebunden. Der Begriff häusliche Gewalt umfasst die Formen der physischen, sexuellen, psychischen, sozialen und emotionalen Gewalt, die zwischen erwachsenen Menschen stattfindet, die in nahen Beziehungen zueinander stehen und gestanden haben. Das sind in erster Linie Erwachsene in ehelichen oder nichtehelichen Lebensgemeinschaften aber auch in anderen Verwandtschaftsbeziehungen.“ (BIG o. J., S. 5).

Mit dieser Definition werden auch gleichgeschlechtliche Partnerschaften nicht ausgeschlossen. Außerdem umfasst sie ebenfalls Gewalthandlungen zwischen (Groß-)Eltern und erwachsenen Kindern/Enkeln, Schwiegereltern und Schwiegertöchtern beziehungsweise -söhnen, erwachsene Geschwister und andere Verwandtschaftsbeziehungen (Kavemann et al. 2002, S. 31).

Heute ist häusliche Gewalt der am häufigsten verwendete Begriff, sowohl in der Fachliteratur als auch in der sozialarbeiterischen Praxis.

Daneben existiert in der Forschung ein weiterer relevanter Ausdruck: Gewalt im Geschlechterverhältnis. Dieser bietet abermals ein umfassenderes Gewaltverständnis, als es bei häuslicher Gewalt der Fall ist. Er umfasst

„jede Verletzung der körperlichen oder seelischen Integrität einer Person, welche mit der Geschlechtlichkeit des Opfers und des Täters zusammenhängt und unter Ausnutzung eines Machtverhältnisses durch die strukturell stärkere Person zugefügt wird" (Hagemann-White 2008, S. 8).

Diese Definition beinhaltet zwei weitere Ebenen, die im enger gefassten Begriff der häuslichen Gewalt so nicht zu finden sind. Zum einen wird deutlich, dass es sich um ein strukturelles Problem handelt und zum anderen wird die Perspektive der betroffenen Person gestärkt, indem jede_r selbst bestimmt, ab wann Gewalt vorliegt. Diese subjektive Selbsteinschätzung ist ein wichtiger Grundsatz in der praktischen Arbeit mit Opfern von häuslicher Gewalt (Brückner 2002, S. 9). Es ist wichtig, diese Aspekte auch bei der Verwendung des Begriffs der häuslichen Gewalt nicht zu vernachlässigen.

In der Regel handelt es sich bei häuslicher Gewalt nicht um eine einmalige Gewalteskalation. Vielmehr bildet sie *„ein komplexes Misshandlungssystem, innerhalb dessen vielschichtige Handlungs- und Verhaltensweisen darauf abzielen, Macht und Kontrolle über eine andere Person, ihr Handeln und Denken zu gewinnen"* (Hellbernd et al. 2003, S. 23).

In diesem Zusammenhang muss erwähnt werden, dass sowohl Männer als auch Frauen Opfer häuslicher Gewalt werden, wobei jedoch keine Geschlechtersymmetrie herrscht. Männer werden seltener Opfer von Gewalt durch Beziehungspartner_innen. Hier sind als Täter_innen vornehmlich Eltern und Geschwister zu identifizieren (GiG-net 2008, S. 30), während bei Frauen die Gewalt durch männliche Beziehungspartner in 99% der Fälle vorherrschend ist (Stövesand 2011, S. 194). Dies bedeutet auch, dass in einem Prozent der Fälle Frauen als Täterinnen auftreten (Heiliger et al. 2005, S. 667). Lediglich der Vollständigkeit halber wird in dieser Arbeit daher von Tätern und Täterinnen ausgegangen. Die auf einem ungleichen Geschlechterverhältnis begründete, vom Mann ausgeübte Gewalt, stellt jedoch die häufigere Lebensrealität dar.

Aufgrund der Themenstellung dieser wissenschaftlichen Arbeit wird lediglich auf die Betroffenheit von Frauen und Mädchen eingegangen. Daher ist im Folgenden, wenn von häuslicher Gewalt die Rede ist, immer die Beziehungsgewalt gegen Frauen gemeint.

Prävalenz

In den Jahren 2002 bis 2004 wurde in Deutschland eine repräsentative Prävalenzstudie durchgeführt, um die Verbreitung von Gewalt gegen Frauen zu erforschen. Ziel dieser Studie war es, unter anderem Daten zum Ausmaß der Gewalt zu erheben, um insbesondere das Dunkelfeld der bisher nicht bekannt gewordenen Fälle aufzudecken (Müller, Schröttle 2004a, S. 9ff).

Die Studie ergab, dass 40% der befragten Frauen unabhängig vom Täter-Opfer-Kontext seit dem 16. Lebensjahr körperliche und/oder sexuelle Gewalt erlebt haben. Damit wurden bereits existierende Dunkelfeldschätzungen und Untersuchungen bestätigt. Im Bereich der häuslichen Gewalt überstieg das tatsächliche Ausmaß jedoch die Erwartungen, da die Hälfte der Frauen, die in ihrem Leben bereits Gewalt erfahren haben, diese durch eine_n aktuelle_n oder frühere_n Beziehungspartner_in erlebten. Damit ist dies die mit Abstand am häufigsten auftretende Gruppe der Täter_innen bei körperlicher oder sexueller Gewalt (ebd, S. 46).

Insgesamt haben in Deutschland mindestens 25% aller Frauen, die jemals in einer Partnerschaft gelebt haben, Gewalt durch den/die Beziehungspartner_in erfahren. Ein Drittel (31%) dieser Frauen haben in ihrem Leben nur eine Gewalthandlung durch ihre/ihren Partner_in erlebt, 36% gaben an, weniger als 10 Gewaltsituationen erfahren zu haben, und ein weiteres Drittel (33%) erlebten 10 bis über 40 Gewaltsituationen (Müller, Schröttle 2004b, S. 9f).

In der Studie wird betont, dass es sich hierbei um Mindestwerte handle, *„real dürften die Gewaltbetroffenheiten - insbesondere bei den stärker tabuisierten Gewaltformen und kontexten im Bereich engster sozialer Bindungen - höher liegen"*[18] (ebd., S. 11).

Die Schwere der Gewalthandlungen variiert sehr stark. Tendenziell ist zu bemerken, dass je länger die Gewalt in einer Paarbeziehung andauert, die Häufigkeit, Intensität und Bedrohlichkeit einzelner Gewaltsituationen steigen

---

[18] Dies liegt unter anderem auch daran, dass gerade Frauen, welche unter schwerster Gewalt und Kontrolle durch den/die Partner_in leiden, auch als Interviewpartnerinnen schwieriger zu gewinnen sind. Somit kann nicht das gesamte Dunkelfeld aufgedeckt werden, sondern lediglich die unteren Grenzwerte (GiG-net 2008, S. 21).

(ebd., S. 18). Dies wurde in der Studie anhand der Faktoren Verletzungsfolgen, Waffenanwendung, Angst vor ernsthaften Verletzungen und Kontrollverlust, welche für schwere Gewalt stehen, belegt.

In Beziehungen, in denen es zu mehr als einer Gewalteskalation kam, erlitten 78% der Frauen Verletzungen und 84% gaben an, der Situation hilflos ausgeliefert gewesen zu sein. Dies lässt auf ein insgesamt sehr hohes Niveau der Gewalt schließen. Außerdem konnte herausgearbeitet werden, dass diese Faktoren meist in Kombination auftreten (Müller, Schröttle 2004a, S. 257f). Unter Hinzuziehung der Aspekte Dauer und Häufigkeit zeichnet sich ein erschreckendes Bild: Von den Frauen, die in ihrem Leben mehr als eine Gewaltsituation durch den/die Partner_in erlebten, erlebte die große Mehrheit mittlere bis sehr hohe Schweregrade von häuslicher Gewalt. Dies trifft auf die große Mehrheit der Fälle zu. Bei gut einem Drittel kann von einer Misshandlungsbeziehung[19] ausgegangen werden.

Aktuellere Zahlen bietet die Agentur der Europäischen Union für Grundrechte: Dieser Studie zufolge haben in Deutschland 22% aller Frauen über 15 Jahren Gewalt durch einen derzeitigen oder früheren Partner erfahren (FRA 2014, S. 19).

---

[19] In der Fachdiskussion wird dieser Begriff für besonders schwere Gewalt verwendet, wenn diese systematisch, einseitig und regelmäßig, teilweise mehr als einmal pro Woche auftritt und mit vielfältigen Kontrolltaktiken und Dominanzverhalten des männlichen Beziehungspartners verbunden ist (Brzank 2011, S. 33).

Risikofaktoren

Gegenüber Frauen, welche Opfer häuslicher Gewalt wurden, existiert das Vorurteil, dies beträfe vor allem junge Frauen aus den untersten Bildungs- und Sozialschichten. Dies ist jedoch nicht richtig, wie Untersuchungen belegen. Häusliche Gewalt zieht sich durch alle Gesellschafts- und Altersgruppen. Es konnten jedoch gewisse Risikofaktoren identifiziert werden, die im Folgenden skizziert werden.

Soziostrukturelle Merkmale

Grundsätzlich lässt sich festhalten, dass sich häusliche Gewalt in jeder Altersstufe und in allen Bildungs- und Sozialschichten ereignet. In Bezug auf die Altersverteilung der Frauen, die von schwerer Gewalt betroffen sind, fällt auf, dass Frauen unter 25 Jahren *„einerseits am häufigsten keine [...] Gewaltformen erlebt haben, andererseits jedoch tendenziell häufiger als die anderen [Alters-]Gruppen von Mustern schwerer Gewalt in Paarbeziehungen betroffen waren"* (BMFSFJ 2012, S. 27).

Insgesamt verteilt sich die Gewaltbetroffenheit durch schwere Gewalt in der aktuellen Paarbeziehung wie folgt auf die verschiedenen Altersgruppen:

30% der unter 35-jährigen Frauen,

27-28% der Frauen zwischen 35 bis 44 Jahren,

25-26% im Alter von 45 bis 59 Jahren und

14-18% der über 60-jährigen Frauen (ebd., S. 28).

Bildung spielt bei der Gewaltbetroffenheit eine größere Rolle. Hier muss zunächst ebenfalls eine Unterteilung
in Altersstufen erfolgen: Frauen, die unter 45 Jahre alt
sind, sind dann besonders häufig und schwer von häuslicher Gewalt betroffen, wenn keinerlei Bildungs- und Aus-
bildungsressourcen vorhanden sind. In dieser Altersgruppe
spielt die Höhe des Abschlusses keine Rolle, vielmehr
stellt „vor allem das völlige Fehlen von Bildungsressourcen" (ebd., S. 28) einen gewaltfördernden Faktor dar. Bei
Frauen ab 45 Jahren ist eine gegenläufige Tendenz zu beobachten. Hier sind diejenigen signifikant häufiger durch
häusliche Gewalt betroffen, die über hohe Bildungsressourcen verfügen, vor allem, wenn dieser Umstand mit
dem Faktor der erhöhten Unabhängigkeit der Frau
korrelliert (ebd., S. 32).

Dieser Trend setzt sich fort, wenn man die ökonomische Situation der Haushalte betrachtet. Bei Frauen, die
jünger als 45 Jahre alt sind, werden erhöhte
Gewaltbetroffenheiten dort sichtbar, wo die Frauen „über
sehr geringe oder keine eigenständigen ökonomischen und
beruflichen Ressourcen verfügen" (ebd., S. 33). Bei Frau-
en über 45 Jahren stellt sich die Situation erneut anders
dar. Hier sind diejenigen Frauen häufiger Opfer häuslicher
Gewalt, die ein höheres Einkommen in mittlerer oder gehobener Einkommenslage haben. Dabei darf die berufliche
Situation der Partner nicht unberücksichtigt bleiben, da
erwerbslose Männer, unabhängig vom Alter, häufiger Gewalt gegen ihre Partnerin ausüben, als Männer die einer
Arbeit nachgehen (ebd., S. 32ff).

Es zeigt sich, dass das Gewaltrisiko vor allem dann steigt, wenn sich entweder Beide in einer schwierigen sozialen Lage befinden, oder wenn Frauen ihren Partnern in ökonomischer Hinsicht überlegen sind (Behörde für Arbeit, Soziales, Familie und Integration 2014, S. 12). Daher lassen sich die stärksten Ausmaße häuslicher Gewalt in Paarbeziehungen finden, *„wo traditionelle geschlechtsspezifische Ressourcenverteilung am ehesten im Auflösen begriffen sind"* (BMFSFJ 2012, S. 35).

Zusammenfassend lässt sich sagen, dass *„sowohl sozialer Stress und männliche Identitätsprobleme in schwierigen sozialen Lagen als auch Konfliktpotentiale und Geschlechterkämpfe in gehobenen sozialen Lagen [...] demnach gewaltbegünstigende Einflussfaktoren sein"* (ebd., S. 36) können.

Risikoreiche Lebensphasen

In bestimmten Lebensphasen kann eine Zunahme der Gewalt beobachtet werden, insbesondere wenn diese die Paardynamik verändern. Dazu zählen Eheschließung, Schwangerschaft und Geburt, Veränderung in der Erwerbssituation und die Trennung beziehungsweise Scheidung von dem/der gewalttätigen Partner_in (Gloor, Meier 2007, S. 23).

Schwangerschaften reduzieren nicht etwa das Risiko der Gewalt, sondern stellen sogar häufig deren Auslöser dar. Während der Schwangerschaft erfolgen die Misshandlungen vorwiegend gegen den Bauch und Unterleib, was auf die Intention hindeutet, durch Gewalt einen Abgang herbeizuführen (Appelt et al. 2001, S. 392f). Dies gilt insbesondere für ungeplante Schwangerschaften, beziehungsweise für Schwangerschaften, die aus einer Vergewaltigung heraus entstanden. Diese Frauen werden Studien zufolge viermal häufiger Opfer von häuslicher Gewalt, als Frauen, die die Schwangerschaft planten (Brzank 2012, S. 42).

Einen anderen Auslöser stellt Eifersucht auf das ungeborene Kind dar, welches häufig als Bedrohung und Rivale um die Aufmerksamkeit der schwangeren Frau angesehen wird. Außerdem kommt es häufiger zu Gewalt, da aufgrund physischer Entkräftung und reduzierter Mobilität während und nach der Schwangerschaft die Haushaltsführung nicht wie gewohnt gewährleistet ist (ebd., S. 42).

Trennungs- und Scheidungssituationen bergen die höchste Gefährdung, Opfer von Gewalt durch den/die Partner_in zu werden.[20] Das Risiko steigt mit der Häufigkeit von Trennungen im Lebensverlauf linear an, was dazu führt, dass Frauen, die sich ein- oder mehrmals aus Beziehungen gelöst haben, eine besonders durch Gewalt belastete Bevölkerungsgruppe darstellen. Dabei handelt es sich um vergleichsweise schwere Gewalt, die entweder erstma-

---

[20] Fast jede dritte Frau, die sich schon einmal aus einer Paarbeziehung gelöst hat, gab an, Gewalt, Drohungen und diverse Formen der Nachstellung und des Bedrängtwerdens durch eine_n Ex-Partner_in im Kontext der Trennungs- oder Scheidungssituation erlebt zu haben. Forscher_innen gehen davon aus, dass es bei jeder zehnten Trennung/Scheidung zu Gewalt und/oder Gewaltdrohung kommt (BMFSFJ 2012, S. 42).

lig auftritt, oder im Vergleich zu früheren Gewalthandlungen eskaliert (BMFSFJ 2012, S. 42).

Drohungen, beziehungsweise Gewaltanwendung, finden vielfach im Rahmen von Umgangs- und Besuchsrecht statt. Die häufigsten gewaltsamen Ereignissen stellen körperliche und/oder sexuelle Gewaltdelikte und Mordversuche gegen die Frauen dar, (seltener gegen die Kinder), gefolgt von Gewaltandrohungen ohne realisierte Gewalt (ebd., S. 42).

Dass diese Drohungen allerdings ernst genommen werden sollten, zeigt sich bei Betrachtung der tödlich verlaufenden Gewalteskalationen. Häufig wurden die Opfer bereits vorher mit dem Tode bedroht. Bei Tötungsdelikten handelt es sich zumeist um Beziehungstaten, wobei *„der statistisch gefährlichste Mensch [...] hierbei - in der Trennungsphase signifikant ansteigend - eindeutig der eigene Partner"* (Stürmer 2006, S. 155) ist. Dies führt dazu, dass das Risiko, vom Partner oder der Partnerin getötet zu werden, in diesem Kontext fünfmal höher ist, als während der Beziehung (Lamnek, Ottermann 2012, S. 187).

Gewalt in der Kindheit

Mehrere Studien belegen, dass es *„signifikante Zusammenhänge zwischen der Partnergewalt der Eltern, elterlicher Gewalt gegenüber Kindern und Gewaltbetroffenheit und Gewaltbereitschaft im Erwachsenenleben gibt"* (GiG-net 2008, S. 44).

Frauen, die Gewalt zwischen ihren Eltern beobachteten, werden demnach mehr als doppelt so häufig Opfer von Gewalt durch den/die eigene_n Beziehungspartner_in als Frauen, die in ihrer Kindheit und Jugend keine Gewalt bei ihren Eltern mit ansehen mussten. Das Risiko der Viktimisierung im Erwachsenenalter steigt, wenn die Betroffene als Kind selbst Gewalt durch eine Erziehungsperson erlebte, sowie bei sexuellem Missbrauch in der Kindheit[21] (GiG-net 2008, S. 44f). Diese Übertragung gewalttätiger Beziehungsmuster von einer Generation auf die nächste wird als intergenerationale Übertragung bezeichnet. Hierbei neigen Mädchen eher dazu, Gewalt als unvermeidliche Seite von Liebe anzusehen, während bei Jungen eher eine Identifikation mit dem gewalttätigen Vater erfolgt, was zur Übernahme von Verhaltensweisen in Bezug auf den/die eigene_n Partner_in führt (Dlugosch 2010, S. 79). Diese Mechanismen können jedoch auch anders herum ablaufen und auch bei Mädchen erhöhte Gewaltbereitschaft auslösen (GiG-net 2008, S. 44).

Neben einer Zunahme des Risikos, Opfer von häuslicher Gewalt zu werden, ist zu beobachten, dass auch die Schwere der Gewalt zunimmt, wenn es sich um Partner_innen handelt, die bereits in der Kindheit Gewalt erlitten. Somit steigt die Vulnerabilität in Bezug auf schwere

---

[21] Mädchen, die selbst Opfer von Gewalt durch eine Erziehungsperson wurden, waren im Erwachsenenalter dreimal häufiger als andere Frauen Opfer von Gewalt durch einen Beziehungspartner. Mädchen die sexuell missbraucht wurden, wurden auch später viermal häufiger Opfer von sexueller Gewalt als Frauen, die keine Gewalt in der Kindheit erlebten (GiG-net 2008, S. 44f).

Formen der Misshandlung innerhalb der Paarbeziehung (BMFSFJ 2012, S. 43). Dies könnte darauf zurückzuführen sein, dass Frauen ohne Gewalterfahrungen entsprechende Beziehungen konsequenter beenden, während Frauen mit Gewalterfahrungen, auch aufgrund von Belastungsfolgen, tendenziell länger Gewaltsituationen erdulden und später Grenzen setzen (ebd., S. 44). Außerdem lässt sich feststellen, dass die gesundheitlichen Belastungen, die zwangsläufig mit Gewalt einhergehen, deutlich gravierender ausfallen, wenn es bereits Gewalterfahrungen in Kindheit und/oder Jugend gab (Schröttle, Khelaifat 2009, S. 17).

Das Miterleben häuslicher Gewalt beeinflusst die Entwicklung von Mutter- und Vaterbildern und die jeweiligen Geschlechterrollenvorstellungen. Dies führt dazu, dass betroffene Kinder und Jugendliche wesentlich stereotypischere Vorstellungen über Rollenverteilung entwickeln als Gleichaltrige ohne Gewalterfahrung. In der Konsequenz verstärkt häusliche Gewalt die bestehenden Geschlechterhierarchien (Dlugosch 2009, S. 78).

Hierarchische Familienstrukturen

Forschungen haben bewiesen, dass ein enger Zusammenhang zwischen geschlechtshierarchischen, traditionellen Rollen- und Machtverteilungen innerhalb von Paarbeziehungen, und dem Auftreten von häuslicher Gewalt besteht (Schröttle 2008, S. 155). Dabei wird davon ausgegangen, dass interpersonelle, männliche Gewalt durch das verankerte Machtgefälle zwischen Männern und Frauen verstärkt wird (Kaiser 2010, S. 61). So ergaben internationale Vergleiche *„höhere Raten häuslicher Gewalt in Gesellschaften, in denen Gewalt als Konfliktlösungsstrategie allgegenwärtig ist [...] und in denen traditionelle Geschlechterrollen, die männliche Dominanz akzeptieren, vorherrschen"* (Mark 2006, S.17).

Dies passt zu den Erkenntnissen aus deutschen Studien, wonach egalitäre Strukturen bei der Entscheidungsfindung in Paarbeziehungen und bei der Aufgabenteilung im Haushalt eher mit Gewaltfreiheit einhergehen. Insbesondere zwischen der Entscheidungsdominanz des männlichen Partners und dem Auftreten häuslicher Gewalt besteht ein hoch signifikanter Zusammenhang, welcher auch auf die Schwere der Gewalthandlung zutrifft. Je dominanter der Partner, desto höher ist auch die Wahrscheinlichkeit von schwerer häuslicher Gewalt. Außerdem konnte beobachtet werden, dass die Dominanz mit Ausübung von Gewalt zunimmt.

„Das legt nahe, dass Gewalt sowohl Ausdruck und Folge ungleicher Machtverhältnisse in Paarbeziehungen sein kann als auch ein Mittel, um diese herzustellen und zu festigen" (Schröttle 2008, S. 149).

Der Zusammenhang lässt sich durch alle Bildungsschichten und Soziallagen hindurch beobachten.

Ähnliches gilt für die Haushaltsaufgabenteilung. Am seltensten kommt es dort zu häuslicher Gewalt, wo beide Partner_innen etwa gleich viele Aufgaben übernehmen.

Dementsprechend sind Beziehungen, in der die Frau deutlich mehr Aufgaben übernimmt, gefährdeter. Dass die Frau mehr Aufgaben im Haushalt übernimmt, kann jedoch auch eine Folge von häuslicher Gewalt sein (ebd., S. 152f).

Besonders gefährdete Gruppen

Betrachtet man die Viktimisierung bestimmter Personengruppen, dann fällt auf, dass es aufgrund von unterschiedlichen Merkmalen oder besonderen Lebenssituationen zu erhöhter Gewalt kommen kann. In Studien wurden unter anderem die Gewaltbetroffenheit von Migrantinnen, Flüchtlingen, Inhaftierten, Prostituierten und Frauen mit Behinderung untersucht. Dabei zeigte sich, dass all diese Gruppen in höherem Maße von häuslicher Gewalt betroffen sind als der repräsentative Bevölkerungsdurchschnitt (GiG-net 2008, S. 38).

Das höchste Maß an Gewalt haben demnach inhaftierte Frauen und Prostituierte erlebt. Hier gaben 90% der befragten Frauen an, seit dem 16. Lebensjahr Gewalt erfahren zu haben (ebd., S. 38). Bei Prostituierten sind ebenfalls die männlichen Beziehungspartner die häufigsten Täter, gefolgt von Freiern, welche im Berufskontext den Frauen körperliche und sexuelle Gewalt antun. Außerdem fällt auf, dass sehr viele dieser Frauen in der Kindheit sexuell missbraucht wurden (43%), und über die Hälfte der befragten Gewalt durch die Eltern erfuhren (Müller, Schröttle 2004b, S. 25f).

Auch Flüchtlingsfrauen erleben in sehr hohem Maß Gewalt durch den Partner. Mehr als die Hälfte der befragten Frauen, die in einer Beziehung leben, gaben an, von häuslicher Gewalt durch den aktuellen Partner betroffen zu sein. Hierbei handelt es sich oftmals *„um Gewalt von hoher Intensität und Frequenz, der sich die betroffenen Frauen aufgrund von erhöhten Abhängigkeiten nur äußerst schwer entziehen können"* (ebd., S. 27).

Eine weitere besonders stark gefährdete Gruppe bilden Frauen mit Behinderungen. Es wird davon ausgegangen, dass diese Personengruppe *„viel häufiger als nichtbehinderte unterschiedliche Formen von Gewalt erfahren"* (Göpner 2011, S. 7). In der Studie "Lebenssituation und Belastungen von Frauen mit Behinderungen und Beeinträchtigungen in Deutschland" konnte herausgearbeitet werden, dass ein unmittelbarer Zusammenhang zwischen einer Behinderung und sexuellem Missbrauch in der Kindheit besteht. Häufig erleben Frauen mit einer Behinderung auch Formen häuslicher Gewalt. Hierbei berichten die Frauen von doppelter Machtlosigkeit gegenüber dem/der Partner_in. Wenn die Behinderung nicht als Auslöser genannt wurde, erkannten die Frauen sie als verstärkenden Faktor an. Außerdem fällt es Frauen mit Behinderung schwerer, sich aus einer Gewaltbeziehung zu lösen (Helfferich, Kavemann 2013, S. 6ff).

Auch Migrantinnen sind in Deutschland in erhöhtem Maße von Gewalt und den daraus resultierenden Beeinträchtigungen betroffen und können sich schwerer aus Gewaltsituationen lösen (Schröttle 2009, S. 20). Zudem erleben *„Frauen mit Migrationshintergrund [...] schwere-*

re Grade und Muster von Gewalt als Frauen deutscher Herkunft" (Behörde für Arbeit, Soziales, Familie und Integration 2014, S. 12). Aktuelle Zahlen belegen, dass deutschlandweit etwa die Hälfte der Frauen, die in Frauenhäusern Schutz suchen, einen Migrationshintergrund hat. Viele dieser Frauen haben lediglich einen befristeten Aufenthaltsstatus (BMFSFJ 2013, S. 61).

Weitere Aspekte

Der Vollständigkeit halber müssen als Risikofaktoren ebenfalls Alkoholkonsum und soziale Isolation erwähnt werden.

In Bezug auf Alkohol lässt sich feststellen, dass es sich dabei um einen gewaltfördernden Faktor handelt: *„Etwa die Hälfte der aktuellen Paarbeziehungen, die von körperlicher/sexueller Gewalt betroffen waren (51 Prozent), weist einen erhöhten Alkoholkonsum des männlichen Beziehungspartners auf"* (BMFSFJ 2012, S. 39). Insbesondere scheint ein Zusammenhang zwischen Alkoholkonsum und schwerer Gewalt zu bestehen[22] (ebd., S. 39).

Bei sozialer Isolation der Frauen kann es sich sowohl um eine Vorbedingung, als auch um eine Folge von Gewalt handeln. Man konnte feststellen, dass, je geringer der Grad an sozialer Einbindung war, die Anteile der von schwerer Gewalt betroffenen Frauen desto höher ausfie-

---

[22] Bei mehr als einem Drittel der Paare, die von schwerster Gewalt betroffen waren, spielte Alkohol jedoch keine Rolle.

len, sodass diese bei allen Formen der häuslichen Gewalt erhöhte Werte aufwiesen (ebd., S. 38f).

An dieser Stelle muss darauf hingewiesen werden, dass die erwähnten Faktoren zwar das Risiko von häuslicher Gewalt erhöhen, die Mehrheit der Täter_innen und Opfer von schwerer Misshandlung jedoch im mittleren und höheren Bildungssegment verortet sind. Diese sind erwerbstätig, ohne Migrationshintergrund und befinden sich nicht in schwierigen sozialen Lagen (Behörde für Arbeit, Soziales Familie und Integration 2014, S. 12f). Dies ist darauf zurück zu führen, dass die Mehrheit der Bevölkerung eher in diesem Familienkontext lebt.

Um diese Tatsache genauer zu beleuchten, sind neben den auslösenden und begünstigenden Faktoren der häuslichen Gewalt auch Erklärungsmodelle anzuführen.

3.3. Erklärungsmodelle

Um häusliche Gewalt zu erklären, wurden verschiedene Theorien entwickelt. Anzumerken ist, dass wohl keine der Theorien das Phänomen abschließend begründen kann, und sich die einzelnen Modelle zum Teil widersprechen. Das liegt auch daran, dass es mehrere Ebenen gibt, auf denen Motive der Gewaltanwendung entstehen können. An dieser Stelle soll ein ökologisches Modell als Beispiel zur Veranschaulichung und Hinführung dienen: Dieses geht von vier unterschiedlichen Ebenen aus. Es bezieht sich zunächst auf die Makroebene, wobei es sich um vorherrschende kulturelle Norm- und Wertvorstellungen handelt, wie beispielsweise Geschlechterrollen. Das Exosystem enthält gesellschaftliche Strukturen, etwa Freunde, Arbeitsumfeld oder das Rechtssystem. Anschließend wird vom Mikrosystem gesprochen, welches Aspekte der Partnerschaft behandelt. Hier stehen Faktoren wie Partnerschaftsdynamik oder Familienstruktur im Vordergrund. Als letzte Ebene, das ontogenetische System, werden individuelle Persönlichkeits- und Entwicklungsmerkmale diskutiert. Dies ist insofern relevant, da insbesondere auf Makro- und Exoebene Männer größere physische und soziale Macht haben als Frauen (Lamnek 2012, S. 112).

Heute werden ausschließlich multifaktorielle Erklärungsansätze herangezogen, und auf statisches Ursache-Wirkungsdenken[23] verzichtet. Im Folgenden wird eine Auswahl der gängigsten Modelle vorgestellt.

---

[23] Hierfür kann der psychopathologische Ansatz als Beispiel herange-

Sozialpsychologisch

Bei sozialpsychologischen Erklärungsansätzen werden die Gründe der Gewalt in externen Umgebungsfaktoren gesehen, welche auf die Familienmitglieder einwirken. Die Ursachen liegen demnach in den Beziehungen des Individuums zu anderen Personen, Gruppen oder Organisationen (Pflegerl, Cizek 2001, S. 37). Als Beispiele werden der lerntheoretische Ansatz und Stresstheorien herausgearbeitet.

Der lerntheoretische Ansatz geht auf das Wirken Banduras zurück, der davon ausgeht, dass Verhaltensweisen hauptsächlich durch die Beobachtung und Imitation eines Vorbildes erworben werden, welches entweder als reale Person, symbolisch, oder imaginativ vorhanden sein kann (Schermer 2005, S. 128). Das gelernte Verhalten wird durch Modelleinflüsse und Umweltreize ausgelöst. In Bezug auf Gewalt meint das, sie sei eine Folge von erlerntem Verhalten, bedingt durch Erfahrungen in der Kindheit. Erleben Kinder Gewalt in der Familie, lernen sie demnach drei wesentliche Lektionen:

1. Jene, die dich lieben, schlagen dich auch.
2. Gewalt gegen Familienmitglieder ist moralisch nicht verwerflich.

---

zogen werden. Dieser postuliert bei häuslicher Gewalt handele es sich um eine Folge charakterlicher Auffälligkeiten oder Persönlichkeitsstörungen des/der Täter_in. Aufgrund des Verbreitungsgrades familiärer Gewalt kann jedoch davon ausgegangen werden, dass bei dem Großteil der Täter_innen keine pathologischen Krankheitsbilder vorliegen (Pflegerl, Cizek 2001, S. 37f).

3. Die Gewaltanwendung ist dann erlaubt, wenn andere gewaltlose Einflussmittel unwirksam sind (Pflegerl, Cizek 2001, S. 39).

Da Eltern die primären Bezugspersonen der Kinder sind, dienen diese auch als wesentliche Identifikations- und Imitationsobjekte. Daher haben sie einen entscheidenden Einfluss auf Verhaltensweisen und Einstellungen der Kinder. Lernen diese Gewalt als Methode zur Konfliktlösung, kann es leicht zu einer Übertragung der Gewalt von Generation zu Generation kommen (Dlugosch 2009, S. 32f). Dass Gewalt in der Kindheit einen Risikofaktor für häusliche Gewalt darstellt, wurde im Abschnitt II 3.2. bereits dargestellt.

Trotz der belegbaren Grundthese, wonach soziales Verhalten gelernt werde, wird dieser Ansatz aus mehreren Gründen kritisiert. Zum einen wird die Fokussierung auf Rationalität und beobachtbares Verhalten hinterfragt, da dies die Komplexität menschlicher Existenz nicht ausreichend berücksichtige und spontanes Verhalten nicht erklärt würde (Pflegerl, Cizek 2001, S. 40).

Zum anderen wird der Automatismus der intergenerationalen Übertragung von Gewalt kritisiert. Da Menschen nicht über ein einfaches Reiz-Reaktions-Schema als Verhaltensmöglichkeit verfügen, seien sie lern- aber auch reflexionsfähig. Gewalttätige Kindheitserfahrungen würden demnach sehr unterschiedlich verarbeitet und könnten daher auch zu bewusst gewaltlosem Verhalten führen (Brückner 2000, S. 235).

Im Gegensatz zum lerntheoretischen Ansatz werden bei den Stresstheorien zwei Faktoren in den Mittelpunkt gestellt, um häusliche Gewalt zu erklären, nämlich strukturbedingte Stressfaktoren und mangelnde Bewältigungsstrategien (Dlugosch 2009, S. 36). Basis dieser Theorie bildet die Annahme, dass Gewalt durch bestimmte stresshafte Belastungen ausgelöst wird. Demnach komme es umso wahrscheinlicher zu Gewalt, je mehr Ereignisse oder Situationen die Familie belasten. Dabei treten in unterschiedlichen Sozialschichten spezifische Formen von Stress auf. Beispielhaft kann auf psychische und physische Probleme, Probleme in der Partnerschaft, Suchtproblematiken oder gesellschaftliche Isolation verwiesen werden (Pflegerl, Cizek 2001, S. 40).

Dabei besitzt die Familie strukturelle Merkmale, die sie für Stress besonders anfällig machen. Böhnisch identifiziert die Auswirkungen der industriekapitalistischen Gesellschaft als stressauslösende Bedingungen. Die Arbeitswelt wurde zunehmend rationalisiert und entemotionalisiert, während den Familien die Aufgabe zukam, die Arbeitsgesellschaft zu stützen und zu reproduzieren. Dadurch steige der Druck:

„Die Familie soll das bringen und ersetzen, was im gesellschaftlichen Leben nicht (mehr) erreichbar scheint: Soziale Bindung und sozialen Rückhalt, Gegenseitigkeit und existentielles Vertrauen"

(Böhnisch 1999, S. 112f).

Gleichzeitig reichen die Konflikte und Belastungen der Arbeitswelt in die Familie hinein und fordern immer wieder deren Funktionsfähigkeit heraus, was zu Überforderung führen könne. In diesem Prozess habe sich die Familie zu einer „auf sich angewiesene Intimgruppe *Bedürftiger*" (ebd., S. 112; Hervorhebung im Original) entwickelt. Gewalt entstehe dann, wenn diese Bedürftigkeit inner- und außerfamiliär nicht kommunizierbar sei, sondern tabuisiert werde, und gleichzeitig keine Entlastungsmechanismen zur Verfügung stünden (ebd., S. 112).

Man kann also sagen, dass das Vorkommen von Gewalthandlungen umso wahrscheinlicher ist, je mehr Ereignisse und Situationen die Familie belasten, und je weniger alternative Ressourcen zur Verfügung stehen. So werden in stressfreien Situationen eher Verhalten gezeigt, die mit weniger persönlichen Nachteilen verbunden sind als eine offene Gewalthandlung, während bei hohem Stressniveau eher auf schnelle und einfache Lösungen gesetzt wird (Lamnek 2012, S. 108).

Soziokulturell und soziostrukturell

Diesen Ansätzen ist gemein, dass sie die individuelle Gewalt mit sozialen Strukturen und kulturellen Normen und Werten in Verbindung setzen. Hier wird näher auf Ressourcentheorien sowie auf feministische und patriarchats-kritische Erklärungsmodelle eingegangen.

Die Grundannahme ressourcentheoretischer Ansätze bildet die Vorstellung, dass innerhalb des Systems Familie soziale, materielle und emotionale Ressourcen verteilt sind, die zur Zielerreichung eingesetzt werden. Je mehr

Ressourcen jedem einzelnen Familienmitglied zur Verfügung stehen, über desto mehr Macht- und Zwangsmittel verfügt dieses (Dlugosch 2009, S. 33). Dabei zählen neben Macht, Zwang und Gewalt (oder deren Androhung) als notwendige Interaktionsmuster, um die Ordnung aufrecht zu erhalten, auch ökonomische Faktoren, Prestige, Sympathie, Attraktivität, Freundschaft oder Liebe. Eine Person wird dann auf Gewalt zurückgreifen, wenn sie über keine anderen Ressourcen zur Durchsetzung verfügt (Pflegerl, Cizek 2001, S. 44).

„Gewalt wird eingesetzt, weil sie eine der vier großen Gruppen von Ressourcen bildet, die ein Individuum dazu bewegen können, den Absichten anderer zu dienen [...]. Da die Kosten von Gewaltanwendung hoch sind, entscheiden sich die meisten Individuen nicht für offene Gewalt, wenn sie über andere Mittel verfügen, sich durchzusetzen. Mit größerer Verfügbarkeit alternativer Ressourcen sinkt die Wahrscheinlichkeit, dass ein Individuum Gewalt einsetzt. Mit geringerer Verfügbarkeit steigt sie" (Habermehl 1999, S. 428).

Ob gewaltalternative Ressourcen verfügbar sind, hängt auch von kulturellen Wert- und Normvorstellungen ab. In einer Gesellschaft, in der patriarchale und egalitäre Vorstellungen *„in einer Art Gleichzeitigkeit des Ungleichzeitigen"* (Lamnek et al. 2012, S. 101) nebeneinander stehen, nehme, ressourcentheoretischen Ansätzen zufolge, die Wahrscheinlichkeit, dass der Mann Gewalt einsetze, zu. Als Ursache dafür gilt, dass der Mann nicht allein durch Einkommen oder Status, und schon gar nicht aus einer

„natürlichen" Autorität heraus seine Vormachtstellung absichern könne (ebd., S. 102). In Familien komme es dann zu Gewalt, *„wenn sich Inhaber übergeordneter Positionen in ihrer Position bedroht sehen"* (Pflegerl, Cizek 2001, S. 45). Dies konnte bei Ehemännern nachgewiesen werden, die der angestrebten Rolle des Ernährers nicht entsprachen und niedrigere Statuscharakteristika aufwiesen als deren Frau (ebd., S. 45). Ähnliche Ergebnisse konnten auch in einer Studie nachgewiesen werden, auf die im Abschnitt II 3.2. eingegangen wurde.

Nachdem der ressourcentheoretische Ansatz erläutert wurde, sollen anschließend feministische und patriachatskritische Ansätze vorgestellt werden. Unter Feminismus werden grundsätzlich Emanzipations-, Freiheits-, und Gleichberechtigungsbestrebungen verstanden, sowie das Eintreten von Frauen für ihre Rechte. Im Mittelpunkt der Kritik stehen patriarchale Geschlechterverhältnisse (Notz 2011, S. 12). Häusliche Gewalt gilt als extremster Ausdruck der patriarchalen Herrschaft (Pflergerl, Cizek 2001, S. 53). Somit werden als Entstehungsgründe für die Gewalt die gesellschaftliche Unterstützung dieser Strukturen, und die Asymmetrie der Beziehung zwischen den Geschlechtern identifiziert. Da in der Öffentlichkeit nach wie vor traditionelle Konzepte herrschen, welche dem Mann Dominanz und der Frau Unterordnung zuschreiben, wirken in der Gesellschaft Mechanismen, um die Gewalt zu verleugnen und zu legitimieren (Dlugosch 2009, S. 34).

„Dazu gehören die sprachliche Undeutlichkeit (Euphemising), die Verdinglichung von Frauen (Dehumanising), die Schuldzuschreibung an die Opfer (Blaming the victim), die psychologischen Erklärungen für Gewaltvorkommen (Psychologising), die natürliche Geschlechterordnung (Naturalising), und das Betrachten jeder Gewaltform als singuläres Problem (Separating)"
(Dlugosch 2009, S. 34, nach Romito 2008[24]).

Feministische Untersuchungen beinhalten nach Bograd vier Dimensionen, um die Ursachen für häusliche Gewalt zu erklären. Dazu gehören
1. Die Bedeutung von Macht und Geschlecht;
2. Die Analyse von Familie als historisch gewachsener Institution;
3. Die zentrale Bedeutung der Erfahrung der betroffenen Frauen;
4. Orientierungshilfen für Frauen
(Pflegerl, Cizek 2001, S. 53, nach Bograd 1988[25]).

In Bezug auf die erste Dimension meint das, dass Frauenmisshandlung nur unter Berücksichtigung des sozialen Kontextes zu verstehen sei, da die Gesellschaft entlang der Dimension Geschlecht strukturiert ist. Männer als Klasse haben Zugang zu den wichtigsten Ressourcen, während Frauen entwertet werden. Gewalt bildet dabei das offenkundigste und effektivste Mittel der sozialen Kon-

---

[24] Originalquelle: Romito, Patrizia (2008): A deafening silence. Hidden violence against women and children. The Policy Press, Bristol.
[25] Originalquelle nicht bekannt.

115

trolle und verstärkt die Passivität und Abhängigkeit der Frauen, wodurch Männer ihr Recht auf Kontrolle und Autorität geltend machen. Aus diesem Grund ist deren Dominanz auf sozialer Ebene ausschlaggebend für häusliche Gewalt auf persönlicher Ebene (Pflegerl, Cizek 2001, S. 53).

Für Feminist_innen kann Gewalt in der Familie als vorhersagbare und allgemein verbreitete Dimension des normalen Familienlebens in der Gesellschaft angesehen werden. Dies hänge mit den historischen Entwicklungen der Kernfamilie im kapitalistischen System (vgl. Anschnitt II 1), der Teilung der Gesellschaft in öffentliche und private Domänen und den Vorstellungen von Männer- und Frauenrollen zusammen (ebd., S. 54).

Die dritte Dimension bezieht sich auf Frauen, die von häuslicher Gewalt betroffen sind oder waren. Nur indem deren Erfahrungen aus subjektiver Sicht beleuchtet werden, kann ein erster Schritt zum Verständnis der Frauen gemacht werden. Damit wird von der Rolle des hilflosen Opfers oder der Provokateurin Abstand genommen und die geschlagenen Frauen als „*Überlebende qualvoller und lebensbedrohender Erfahrungen*" (ebd., S. 54) betrachtet.

Die vierte Dimension bezieht sich auf frauenspezifische Forschung. Demnach könne das Ziel nicht nur darin bestehen, Positionen von Frauen in bereits bestehende Theoriekonzepte einzubauen, sondern die Entwicklung eigener Theorien und Modelle müsse angestrebt werden (ebd., S. 54).

Zentral für dieses Erklärungsmodell ist die Annahme, dass „*die Konstruktion von Ehe und Familie auf der pat-*

riarchalen Basis bezahlter männlicher Erwerbsarbeit und unbezahlter weiblicher Familienarbeit sowie die Armut von Frauen außerhalb der Ehe erheblich zur Hilflosigkeit und Ausweglosigkeit vieler mißhandelter Frauen beitragen"
(Brückner 2000, S. 235).

Somit stellt die Gefahr, Opfer häuslicher Gewalt zu werden, eine reale Situation für alle Frauen dar. Es sei nicht möglich, misshandelte Frauen als Sondergruppe aus der Gesamtheit aller Frauen zu betrachten. Dafür sei häusliche Gewalt in zu *„vielfältiger Weise in weibliche Lebensbedingungen eingelassen"* (ebd., S. 235) und zu sehr mit dem kulturellen Bild von Frauen und Männern verwoben (ebd., S. 235).

3.4. Formen der Beziehungsgewalt

Häufig wirken in Gewaltbeziehungen vergleichbare Mechanismen, welche im Folgenden dargestellt werden sollen. Dabei werden verschiedene Differenzierungen vorgenommen. Zum einen auf der Ebene der Gewalthandlungen, zum anderen wird eine Typisierung von Gewalt in Paarbeziehungen vorgestellt. Wichtig ist hierbei, dass keine Verallgemeinerungen vorgenommen werden, denn *„es gibt nicht »die« häusliche Gewalt und es gibt nicht »das« Opfer"* (Helfferich 2005, S. 2). Aufgrund der großen Heterogenität des Phänomens können die Geschädigten nicht pauschal dem typischen Opferbild der geschlagenen Frau zugerechnet werden. Dieser Aspekt wurde unter dem Stichwort *„Gewalt macht nicht gleich"* (Helfferich, Kavemann 2004, S. 39) bekannt. Bei Differenzierungen und Strukturierungen von häuslicher Gewalt ist es erforderlich, die individuelle Situation der Frauen zu berücksichtigen, denn die Frauen begegnen der Gewalt aufgrund ihrer subjektiven und objektiven Lebensbedingungen. Somit sind die Handlungsressourcen, Reaktionsmöglichkeiten und Bewältigungsstrategien ebenfalls different. Eine Typisierung ist trotzdem sinnvoll, insbesondere um die unterschiedlichen Unterstützungsbedarfe herauszuarbeiten.

Unterschiedliche Ebenen

Gewaltbeziehungen lassen sich nur schwer überblicks-
artig darstellen, da die Ausprägungen individuell sehr
stark variieren. Meist handelt es sich um ein Zusammenspiel verschiedener Formen der Gewalt, die in körperliche,
psychische, sexualisierte, soziale und ökonomische Gewalt unterteilt werden können (Hellbernd, et al. 2003, S.
23). Es ist sinnvoll diese Grundtypen näher zu betrachten,
um besseres Verständnis für die Dynamiken in Gewaltbeziehungen entwickeln zu können, und zu begreifen, wie
weitreichend häusliche Gewalt sein kann.

Unter körperlicher oder physischer Gewalt werden alle
körperlichen Angriffe gerechnet. Dazu gehören beispielsweise Ohrfeigen, Tritte, Würgen, aber auch Angriffe mit
Waffen, oder Morddrohungen, bis hin zur Tötung (Mark
2006, S. 11). Psychische oder emotionale Gewalt hingegen
ist durch Einschüchterungen, Drohungen, Beleidigungen
und/oder Demütigungen gekennzeichnet. Häufig sollen
dadurch Schuldgefühle erzeugt werden, um die Verantwortung für die Gewalt dem Opfer zuzuschieben (ebd., S.
11). Spricht man von sexueller oder sexualisierter Gewalt,
schließt man alle sexuellen Handlungen ein, welche gegen
den Willen einer Person an ihr oder von ihr vorgenommen
werden (ebd., S. 11). Das reicht von Nötigung über Vergewaltigung bis hin zum Menschenhandel zum Zwecke
der sexuellen Ausbeutung (Hellbernd et al. 2003, S. 23).
Unter sozialer Gewalt versteht man das *„Bestreben des
Partners, die Frau sozial zu isolieren, indem ihre Kontakte
kontrolliert bzw. unterbunden oder verboten werden"*

(ebd., S. 23). Darunter fallen also alle Handlungen, welche das Opfer im sozialen Umfeld herabwürdigen, wie beispielsweise ständiges Auftauchen am Arbeitsplatz. Auch der Einsatz von Kindern als Druckmittel kann hierzu gerechnet werden (Mark 2006, S. 11f). Ökonomische Gewalt umfasst Handlungen zur Herstellung und Aufrechterhaltung einer ökonomischen Abhängigkeit, indem Arbeitsverbote ausgesprochen werden, Geld verweigert wird oder die alleinige Verfügungsmacht über finanzielle Ressourcen beim/bei der/dem gewalttätige_n Partner_in liegen (Hellbernd et al. 2004, S. 23).

Differenzierung nach Art der Gewalthandlung

Um Beziehungsmuster in Gewaltbeziehungen zu beschreiben, wurden im Laufe der Zeit unterschiedliche Einteilungen getroffen. Wegweisend waren die Überlegungen des amerikanischen Soziologen Johnson, welcher als erstes eine Typologisierung anhand der Kriterien Schweregrad, Verletzungsfolgen, Häufigkeit, Dynamik und Beendigung der Gewalt vornahm. Außerdem berücksichtigte er den Aspekt, ob einseitige oder beidseitige Gewalt vorherrschte (Brzank 2012, S. 33). Dabei unterschied er hauptsächlich zwei Muster[26]. Als *„situational- oder com-*

---

[26] Eigentlich nahm er eine Unterteilung in vier Muster vor, wovon zwei nur sehr selten vorkommen und wenig erforscht sind, weswegen in der Literatur häufig nur auf die beiden anderen Bezug genommen wird (vgl. Brzank 2012, S. 33; Helfferich 2005, S. 3; Mark 2006, S. 13). Der Vollständigkeit halber seien sie an dieser Stelle erwähnt: Das Muster "mutual violent control" ist gekennzeichnet durch einen beid-

mon couple violence " beschreibt er gewaltsames Handeln aufgrund von konkreten Auseinandersetzungen, wobei die Gewalt meist nur sporadisch auftritt und häufig wechselseitig ausgeübt wird (GiG-net 2008, S. 188). Dieses Muster ist sehr verbreitet. Es kommt hierbei zu leichteren Formen der Gewalt und verläuft, aufgrund der Bindung an konkrete Konflikte, in der Regel nicht eskalierend (Brzank 2012, S. 33). Im Gegensatz dazu kommt es im Muster „*intimate- oder patriarchal terrorism*" zu einem systematischen Gewalthandeln, welches auf die absolute Kontrolle über ein_n Partner_in abzielt. In diesem Muster ist die Gewalt einseitig und wird fast ausschließlich von Männern verübt (GiG-net 2008, S. 188). Die Beziehung ist geprägt von der regelmäßigen Gewaltanwendung, von Kontrolle und Dominanzverhalten. Dieses Muster ist häufiger bei verheirateten Paaren zu beobachten (Brzank 2012, S. 33f).

Eine andere Unterteilung nimmt Piispa vor. In der finnischen Prävalenzstudie unterscheidet sie die Kriterien Häufigkeit und Art der Gewalt, deren Dauer und Kontinuität und nach Ausmaß der Angst auf Seiten des Opfers (Helfferich 2005, S. 3). Diese Typisierung ist stärker empirisch unterfüttert als die Differenzierung nach Johnson (Schröttle 2006, S. 16). Als „*short history of violence*" beschreibt sie Beziehungen, in welchen die Gewalt noch nicht sehr lange andauert und verschiedene Formen sexueller und physischer Gewalt auftreten, überwiegend jedoch

---

seitigen Kampf der Partner_innen, um Macht und Kontrolle über den/die andere_n zu erlangen. Im Muster "violent resistance" greifen Frauen nach meist jahrelanger Misshandlung selbst zu Gewalt, wobei der/die Partner_in zum Teil schwer verletzt wird (GiG-net 2008, S. 188).

121

ohne Verletzungsfolgen. In diesem Muster finden sich hauptsächlich jüngere Frauen unter 30 Jahren, häufig aus studentischen Milieus (ebd., S. 16). Das zweite Muster *„partner terrorism"* ist geprägt durch systematische Gewaltanwendung, welche seit mindestens 5 bis 10 Jahren andauert. Diese geht einher mit Unterwerfung, Drohungen, Isolation und anderen Kontrolltaktiken. Die davongetragenen Verletzungen können sehr erheblich sein. Die Frauen, welche diesem Muster zugerechnet werden, sind häufig schlecht verdienend oder erwerbslos und finanziell abhängig vom Partner (ebd., S. 16). Davon unterscheidet sich das Muster *„mental torment"*, bei welchem die schwere körperliche Gewaltanwendung seit mindestens sieben Jahren zurückliegt. Abgelöst wurde diese durch zum Teil massive psychische Misshandlungen (ebd., S. 16), was zu erhöhten psychischen Folgeschäden auf Seiten der Frauen führt. Insbesondere Frauen, die bereits längere Zeit verheiratet sind, fallen in dieses Muster. Wodurch die Verlagerung der Gewaltformen zustande kommt, bleibt ungeklärt (GiG-net 2008, S. 189). Als letztes Muster wird *„episode in the past"* genannt. Hier liegt die Gewalt in der Vergangenheit und ist seit langer Zeit beendet. Meist handelte es sich um leichtere Formen der Gewalt (Brzank 2012, S. 35).

Eine andere Art der Differenzierung wurde von Helfferich und Kavemann vorgenommen, in welcher vorrangig die subjektive Dimension der Frauen einbezogen wurde, auch mit dem Ziel unterschiedliche Beratungsbedarfe herauszuarbeiten. Ebenfalls die Häufigkeit, Art und der Beginn der Gewalt wurden in die Auswertung einbezogen. Um auch die Möglichkeit für Veränderung in der Gewaltbeziehung abzudecken, entstanden die unterschiedlichen Muster anhand der Merkmale:

„die Selbstbeschreibung als mehr oder weniger handlungsfähig [...], die Wahrnehmung der zeitlichen Dynamik der Gewaltbeziehung und damit der eigenen Kontinuität oder Veränderung [...], die Perspektive, von der aus die Befragte auf die Gewaltbeziehung blicken" (Helfferich 2005, S. 3).

Somit wurde als Kriterium zur Unterscheidung und Abgrenzung zu den anderen Mustern die Wahrnehmung der eigenen Handlungsfähigkeit, beziehungsweise Handlungsmacht der Frau gewählt, also *„wie sie sich selbst bezogen auf ein aktives und effektives Handeln erlebt haben bzw. erleben"* (Helfferich, Kavemann 2004, S. 39). Daraus ergeben sich die folgenden Muster:

Beim *„Muster der raschen Trennung"* erfolgt die Trennung bereits nach einer kurzen Gewaltphase, die nach einer sukzessiven Verschlechterung der Beziehung zu einem abrupten Ende führt. Während dieser Zeit erleben sich die Frauen durchgängig als aktiv handlungsfähig. Außerdem werden klare Vorstellungen über Werte in einer Beziehung formuliert, deren Einhaltung Voraussetzung für eine Fortführung der Partnerschaft sind. Die Frauen fühlen sich nicht als beratungsbedürftiges Opfer, sondern fordern Unterstützung für den oder die Täter_in (Helfferich, Kavemann 2004, S. 42f). Bei dem *„Muster der neuen Chance"* soll die Beziehung aufrechterhalten werden, die oft schon lange andauert. Die Frauen fühlen sich aktiv und effektiv handlungsfähig und die Gewaltexzesse werden als

Unterbrechung der Normalität erlebt. Hier wird oft an die Einsicht der Gewalttätigen appelliert, beispielsweise eine Paartherapie zu beginnen. Die Frauen suchen aktiv nach Hilfe, jedoch hauptsächlich für die Partner_innen, die am besten gezwungen werden sollten, verschiedene Angebote anzunehmen (ebd., S. 43f). Das „Muster fortgeschrittener Trennungsprozess" ist charakterisiert durch eine länger dauernde Gewaltbeziehung, bei welcher der Entschluss zu einer Trennung schon vorhanden ist und manchmal bereits konkrete Schritte in diese Richtung unternommen wurden. Die Frauen beschreiben sich zu Beginn eher passiv, gewinnen aber während des Trennungsprozesses an Unabhängigkeit und zunehmend an Handlungsmacht. Außerdem ist für sie das jahrelange Festhalten an der Gewaltbeziehung nicht mehr nachvollziehbar (ebd., S. 44ff).

Das „Muster ambivalente Bindung" ist gekennzeichnet durch lange Beziehungen, in denen es immer wieder zu massiven gewalttätigen Übergriffen kommt. Dies führt zu einer zunehmenden Hilflosigkeit und Passivität der Frauen, während gleichzeitig die Abhängigkeit wächst. Durch die oft jahrelange chronische Gewalt geht die aktive Handlungsmacht verloren. Häufig sind die Frauen traumatisiert (ebd., S. 46f).

Dynamik der Gewalt

Grundsätzlich wird davon ausgegangen, dass mit der Dauer der Gewaltbeziehung die Intensität, also sowohl die Häufigkeit als auch die Schwere der Misshandlungen, zunehmen (FiF e.V. 2012, S. 15). Studien belegen diese Steigerung bei knapp der Hälfte aller gewaltbelasteten Beziehungen. Das bedeutet im Umkehrschluss, dass dies nicht in allen Fällen zutrifft. So berichten 27% der Paare, das Gewaltniveau sei gleich geblieben, und bei immerhin 23% konnte beobachtet werden, dass die Gewalt abgenommen oder gar aufgehört habe. Die Mechanismen, welche hierzu führen, sind jedoch bislang nicht bekannt. Im Rahmen der Prävention wären diese jedoch sehr bedeutsam (Müller, Schröttle 2004a, S. 268f). Trotzdem stellt die Eskalation für viele Betroffene eine Lebenswirklichkeit dar. Um dieses Phänomen zu erklären, wird vor allem das Modell der amerikanischen Psychologin Lenore Walker herangezogen, welche die Dynamik in der Beziehung als Kreislauf der Gewalt darstellt (vgl. Peichl 2011, S. 8). Um diesen richtig verstehen und einordnen zu können, lohnt es sich die Reaktionen des gewalttätigen Partners auf eine akute Gewalthandlung zu betrachten. Die drei häufigsten werden hier benannt, wobei Mehrfachnennungen möglich waren: In 55,5% der Fälle bereute der Partner die Eskalation und entschuldigte sich bei der Partnerin, womit dies die häufigste Reaktion auf Gewalt darstellt. Anschließend, bei 47,2%, tat der Mann, als wäre nichts gewesen, und in 45,8% der Beziehungen versuchte der Partner sein eigenes Verhalten zu rechtfertigen. In 36% der Fälle wurde versucht, das Verhalten wieder gut zu machen (Müller, Schröttle 2004a, S. 275f). Dies stellt ein, aus der praktischen Arbeit mit gewaltbetroffenen Frauen, wohlbekanntes Muster dar und bildet häufig den Ausgangspunkt für den bereits erwähnten Kreislauf der Gewalt (ebd., S. 275).

Dieser Kreislauf kann sich sowohl innerhalb weniger Stunden, als auch über Jahre hinweg abspielen (Peichl 2011, S.8). Zu Beginn erfolgt die Phase des Spannungsaufbaus, in der das Opfer systematisch gedemütigt wird und es bereits zu kleineren gewalttätigen Übergriffen kommen kann, während das Opfer versucht, den oder die Täter_in zu beschwichtigen, um eine Eskalation möglichst zu vermeiden. Diese Spannung entlädt sich in der Phase der Misshandlung. Die akute Gewalthandlung kann sich auch über eine längere Zeit abspielen und wird vom Opfer häufig traumatisierend erlebt. Darauf folgt eine Phase der Reue und Zuwendung, in der der Täter oder die Täterin den Ausbruch bereut, verspricht dass so etwas nie wieder passieren wird und sich besonders liebevoll verhält. In dieser Phase geben Frauen, die sich zuvor getrennt haben, der Beziehung häufig eine neue Chance (ebd., S. 9) und ziehen Anzeigen zurück (Leuze-Mohr 2005, S. 162). Durch die Hoffnung, die Reue sei diesmal echt, und der Partner würde sein Verhalten tatsächlich ändern, verbleiben Frauen häufig jahrelang in Misshandlungsbeziehungen (Müller, Schröttle 2004a, S. 275).

3.5. Folgen von häuslicher Gewalt

In zahlreichen Studien und Untersuchungen wurden die Folgen von häuslicher Gewalt aufgezeigt. Die Ergebnisse bestätigen, dass Gewalt multiple Auswirkungen auf alle Lebensbereiche haben, und für die einzelnen Opfer gravierende Folgeschäden nach sich ziehen kann. Dabei beeinflussen sich die Effekte gegenseitig und potenzieren sich in ihrer Wirkung. Aufgrund der Komplexität der Folgen und deren Wechselwirkungen ist es schwierig, eine Systematisierung vorzunehmen (GiG-net 2008, S. 49). Daher können die folgenden Ausführungen nur als Überblick verstanden werden. Außerdem ist zu betonen, dass die dargestellten Folgen nicht zwangsläufig sind. Welche Folgen eintreten, ist von sehr vielen Faktoren abhängig, da nicht nur die realen Gewaltereignisse, sondern auch die individuelle Bewertung und Verarbeitung dieser Erfahrungen berücksichtigt werden müssen (Hornberg et al. 2008, S. 14). Zusätzlich bedingen Schwere, Dauer und Form der Gewalt ebenfalls die Auswirkungen.

Gesundheitliche Folgen

Grundsätzlich kann gesagt werden, dass Gewalthandlungen einschneidende Beeinträchtigungen nach sich ziehen können und sich in vielfältiger Weise auf Gesundheit, Gesundheitshandeln und Gesundheitschancen auswirken. Dabei konnte in zahlreichen Studien ermittelt werden, dass im Vergleich zu anderen Täter-Opfer-Konstellationen die Gefahr, ernsthafte Verletzungsfolgen davonzutragen, höher ist, wenn es sich um Gewalt in einer Paarbeziehung handelt (Heiliger et al. 2005, S. 645). Das Verletzungsrisiko bei Gewalt durch den (Ex-)Partner wurde in Studien mit 64% angegeben. Im Gegensatz hierzu trugen nur 44% der Frauen bei sexueller Gewalt und 55% bei körperlicher Gewalt Verletzungsfolgen davon (GiG-net 2008, S. 54). Es wird zunächst auf körperliche Folgen eingenangen, bevor die psychischen Folgen vorgestellt werden.

Als häufigste Verletzungsformen wurden von den betroffenen Frauen blaue Flecken und Prellungen genannt, wobei in 60% der Fälle die Verletzungsfolgen darüber hinausgingen. Diese berichteten beispielsweise von offenen Wunden, Verstauchungen, Muskelrissen, Frakturen, Kopf- und Vaginalverletzungen, als auch von Schmerzen im Unterleib (Müller, Schröttle 2004a, S. 135). Häufig sind diese Folgen nur kurzfristig. Es können jedoch auch bleibende Schäden entstehen, insbesondere wenn die zeitnahe Konsultation eines Arztes ausbleibt. So kann es zu einer Chronifizierung der Verletzungen kommen (Groschoff 2009, S. 23). Außerdem kann die Gewalt, insbesondere sexuelle Gewalt, massive Auswirkungen auf die reproduktive Gesundheit haben. Darunter fallen zum Beispiel Eileiter- und Eierstockentzündungen oder Schwangerschaftskomplikationen (Müller, Schröttle 2004a, S. 153). Hinzu kommen häufig psychosomatische Beschwerden, welche sich beispielsweise in Schmerzsyndromen äußern können. Dabei weisen Migräne beziehungsweise Kopfschmerzen und Beschwerden, die das Verdauungssystem und den Unterleib betreffen, die höchsten Betroffenheiten auf (Hellbernd et al. 2003, S. 115). Auch im Bereich des Gesundheitsverhaltens der gewaltbetroffenen Frauen lassen sich Auffälligkeiten feststellen. So konsumieren die Frauen vermehrt Substanzmittel oder Medikamente, wobei Beruhigungs- und Schlafmittel sowie Alkohol und Antidepressiva die größte Rolle spielen.

Die Gewalt kann auch tödlich enden. So ist *„das Risiko für Frauen, im sozialen Nahraum der Familie getötet zu werden [...] um etliches höher als für Männer (43% vs. 14%). Femizide innerhalb der Familie werden zu 80% durch (Ex-) Partner begangen"* (GiG-net 2008, S. 52f).

Auch das Suizidrisiko steigt, da gewaltbetroffene Frauen fünf- bis achtmal häufiger einen Selbstmordversuch unternehmen als der Bevölkerungsdurchschnitt (Hirigoyen 2006, S. 153f).

Zusätzlich zu den körperlichen Folgen kommt es auch zu psychischen Auswirkungen, denn *„körperliche [...] Gewalterfahrungen tangieren die physische und psychische Integrität des Opfers. Das Opfer erlebt sich als stark bedroht, ausgeliefert und ohne Fluchtmöglichkeit. Unter diesen Bedingungen kann es leicht zu einer Traumatisierung kommen"* (Löbmann, Herbers 2004, S. 20).

So konnte nachgewiesen werden, dass 45% der Frauen, die häusliche Gewalt erlebt haben, mit einer Posttraumatischer Belastungsstörung reagieren (Hellbernd et al. 2003, S. 27). Dic Wahrscheinlichkeit dafür ist höher, je schwerer die Gewalteinwirkungen waren, und je jünger das Opfer zum Zeitpunkt der erfahrenen Gewalt war (Löbmann, Herbers 2004, S. 21). Als andere psychische

Beeinträchtigungen werden „insbesondere Depression, Angst- und Panikattacken, Nervosität, Schlafstörungen, Konzentrationsschwäche, Störungen des sexuellen Empfindens, Angst vor Nähe und Intimität, der Verlust von Selbstachtung und Selbstwertgefühl" (ebd., S. 21) beschrieben. Hierbei treten die Auswirkungen umso massiver auf, je länger die Gewaltbeziehung andauert, was insbesondere für das Zusammenspiel von körperlicher, psychischer und sexueller Gewalt gilt (Müller, Schröttle 2004b, S. 31). Häufig sind diese in subtile Formen der Machtausübung eingebettet, „durch die Unabhängigkeit, Selbstvertrauen, Kontrollbewusstsein und Handlungsspielräume der betroffenen Person unterminiert und Abhängigkeiten aufgebaut bzw. gefestigt werden" (Hellbernd, Wieners 2002, S. 3). Diese Abhängigkeiten erschweren häufig eine Trennung oder die Suche nach Hilfe, da sich einige Frauen in einer bewusst „durch den gewaltbereiten Partner geförderten kindlichen Unselbstständigkeit" (Müller, Schröttle 2004a, S. 28) befinden, da dieser Partner Bestrebungen zu Förderung der Unabhängigkeit oder Selbstständigkeit verhindert.

Zudem kann Gewalt auch zu einer grundlegenden Störung zum eigenen Körper führen. Indem kontinuierlich Grenzen der betroffenen Frauen überschritten wurden, können diese häufig nicht mehr formuliert und im schlimmsten Fall nicht mehr wahrgenommen werden (Brzank 2011, S. 51).

Es können sich bei diesen Frauen Schuld- und Schamgefühle entwickeln, insbesondere nach erlebter sexueller Gewalt. Hierbei wird „entsprechend den kulturellen und *gesellschaftlichen Vorstellungen [...] innerpsychisch eine eigene Mitschuld konstruier[t]"* (Müller, Schröttle 2004a, S. 144), was dazu führt, dass sich 25% der Betroffen an der schlimmsten erlebten Situation mitverantwortlich fühlen (ebd., S. 144). Dies wird häufig vom/von der Partner_in auch so zugeschrieben und von den Frauen scheinbar gerne übernommen, denn *„es ist besser Schuld zu haben, als hilflos zu sein. Wer Schuld hat, kann etwas ändern"* (Peichl 2011, S. 12). Sie übernehmen die Verantwortung für die Eskalationen, um das Gefühl zu haben, in Situationen der Ohnmacht und des Kontrollverlustes die Gewalt steuern zu können (Müller, Schröttle 2004b, S. 31). Weiterhin konnte die Relevanz dieser Schuld- und Schamgefühle empirisch belegt werden, da ein Viertel der Frauen aus Scham keine Hilfseinrichtung aufsuchten (GiG-net 2008, S. 120).

Diese Ausführungen machen deutlich, dass sich die Frauen in einer ambivalenten Situation befinden. Ambivalenz meint das *„sich gefangen fühlen: das gleichzeitige Auftreten verschiedener, einander widersprechender Gefühle von Scham, Kränkung, Wut, Schuld, Angst und Trauer einerseits, und Verständnis und Mitleid mit dem Täter andererseits, wie auch Hoffnung auf Besserung"* (Du Bois, Hartmann 2000, S. 44f). Die Identifikation mit dem/der Täter_in ist unter dem Namen Stockholm-Syndrom bekannt:

„Wer immer wieder Angst und dann die vorläufige Rettung erlebt, entwickelt manchmal - insbesondere in der Isolation - eine besondere "Liebesbeziehung", eine intensive, fast verehrungsvolle Abhängigkeit und eine Identifi-

kation mit dem Aggressor. Dies ist eine Überlebensstrate-gie, eine Anpassungsleistung in einer Extremsituation" (Gabriel 2004, S. 45).

Sozioökonomische Folgen

Etwa 30% der Frauen berichten von langfristigen psy-chosozialen Folgen, welche aufgrund der Gewalt eintraten. Dabei wurde am häufigsten eine Trennung vom Partner genannt, gefolgt von Wohnungsumzug und Wechsel des Arbeitsplatzes. Auch wenn bisher wenig verlässliche Da-ten vorliegen scheint *„Gewalt [...] im Leben vieler Frauen einen Schnitt mit alten Beziehungs- und Arbeitsbezügen zu markieren"* (Müller, Schröttle 2004a, S. 149).

Auswirkungen auf soziale und familiäre Beziehungs-strukturen

In gewaltbelasteten Beziehungen stellt es häufig die Realität dar, dass Frauen den Bezug zu Personen außer-halb der Kernfamilie verlieren und somit immer mehr in Isolation leben. Dies hat mehrere Gründe: Zum einen ver-bietet der Mann den Kontakt zu anderen Personen, oft im Zusammenhang mit krankhafter Eifersucht, so dass die Frau *„ohne ihn das Haus kaum verlassen [darf]; er schreibt ihr vor, wann sie vom Einkaufen wieder zu Hause zu sein hat; sie darf keinen Besuch von Freunden und Be-*

kannten haben etc." (Nini et al. 1995[27] zit. nach Du Bois, Hartmann 2000, S. 48). Zum anderen ziehen sich die betroffenen Frauen zunehmend selbst aus ihrem sozialen Umfeld zurück, sei es um offensichtliche Verletzungsfolgen zu verbergen, oder um sich keinem Rechtfertigungsdruck durch die Bezugspersonen aussetzen zu müssen (Du Bois, Hartmann 2000, S. 49). Als Folge beider Varianten verliert die Frau Unterstützung durch ihr soziales Umfeld, womit die Möglichkeit, aus dem Bekanntenkreis Hilfe zu erhalten, sinkt. Außerdem ist es somit nicht mehr möglich, die eigene Wahrnehmung über sich und die Beziehung zum Partner durch Gespräche zu korrigieren. Es entwickelt sich eine Abwärtsspirale aus Minderwertigkeitsgefühlen und Isolation der Frau (ebd., S. 49).

Auch durch die Trennung vom gewalttätigen Partner verändern sich die familiären und sozialen Bezüge, zumal die Gewalt im Kontext von Trennungen häufig eskaliert. In neuen Beziehungen fällt es den Frauen nach erlebter häuslicher Gewalt schwerer Vertrauen aufbauen zu können. Hierbei wurden insbesondere der Umgang mit Männern und die eigene Sexualität als nachhaltig gestört benannt (GiG-net 2008, S. 62).

Betrachtet man diese Ausführungen im Kontext der psychischen Gesundheitsbeeinträchtigungen, scheint es nachvollziehbar, dass Gewalt eine massive Auswirkung auf familiäre und soziale Beziehungen haben kann. Dies ist eine sehr diffizile Situation für die Betroffenen, da sich

---

[27] Originalquelle: Nini, Maria; Firle, Michael; Hoeltje, Bettina (1995): Gewalt in Ehe und Partnerschaft. In: Bundesministerium für Familie, Senioren, Frauen und Jugend (Hg.). Stuttgart: Kohlhammer, S. 33-36.

Probleme in der Familie und fehlende soziale Einbindung zusätzlich negativ auf die eigene Gesundheit auswirken können. Somit gelten *„soziale Integration in eine Gruppe [...], die Entwicklung und Stabilisierung des Selbstwerts und des Identitätsgefühls [...] [sowie] soziale Unterstützung als wichtige Ressource zur Prävention und Bewältigung psychischer Störungen und körperlicher Erkrankungen"* (ebd., S. 63).

Bei Frauen, die von häuslicher Gewalt betroffen sind, sind demnach die wichtigsten Ressourcen der Prävention eingeschränkt, was potenzierende Effekte auf die Gesundheit nach sich zieht.

Auswirkungen auf die Erwerbssituation

Häusliche Gewalt hat in der Regel weitreichende Auswirkungen auf das Arbeitsleben, da die Opfer hochgradig belastet sind. Somit bringen sie zum Teil erhebliche Zugangshemmnisse für den Arbeitsmarkt mit sich (Behörde für Arbeit, Soziales, Familie und Integration 2014, S. 36). Aufgrund der belastenden Stresssituation kann es den Frauen schwerer fallen, eine Arbeitsstelle zu finden, und dort die Anforderungen zu erfüllen, um die Stelle zu behalten. Als Gründe dafür können Unpünktlichkeit, Abwesenheit, Krankheit und/oder die geringere Belastungsfähigkeit identifiziert werden. In der Konsequenz liegt die *„mittlere Abwesenheitsrate unter gewaltbetroffenen Beschäftigten um 30% höher als bei denjenigen, die keine Gewaltbiografie"* (GiG-net 2008, S. 64) haben.

Frauen, die während der Beziehung einer Erwerbstätigkeit nachgingen, sehen sich häufig durch die Trennung mit dem Verlust des Arbeitsplatzes konfrontiert. In diesem Kontext berichteten bis zu 10% der Frauen, dass es infolge der Gewalt zu einer Kündigung beziehungsweise zu einem Wechsel des Arbeitsplatzes kam (ebd., S. 64). Erschwert wird die Situation, wenn der gewalttätige Partner die Frau persönlich oder telefonisch am Arbeitsplatz belästigt. Daher ist vielen Frauen das Risiko eines erneuten Zusammenstoßes zu hoch, da der Ex-Partner oder die Ex-Partnerin in der Regel den Arbeitsort kennt. Viele Frauen verlassen aufgrund der hohen Gefährdungslage die Stadt oder gar das Bundesland. Durch diese Faktoren fällt häufig das eigene Einkommen der Frauen durch die Trennung weg (Groschoff 2009, S.31).

Außerdem konnte in der Prävalenzstudie ermittelt werden, dass etwa ein Fünftel der Befragten aufgrund der Gewalt ihren alltäglichen Aufgaben nicht mehr in gewohnter Weise nachgehen konnten. Diese Zahl kann laut den Autorinnen nur einen kleinen Ausschnitt wieder geben, da Mehrfachviktimisierungen nicht in die Befragung eingingen (Müller, Schröttle 2004a, S. 150). Besonders prekär an diesen Fakten ist, dass Erwerbslosigkeit eine zusätzliche Beeinträchtigung für die Gesundheit darstellen kann (GiG-net 2008, S. 64f).

Betrachtet man den Anteil der erwerbstätigen Frauen unter den Gewaltopfern, so fällt auf, dass in der Regel eher ein kleiner Teil eine Arbeitsstelle hat[28]. So konnte für

---

[28] Die zugrundeliegenden Zahlen beziehen sich auf Auswertungen

Hamburg ermittelt werden, dass 32,5% der Frauen eine Arbeitsstelle hatten (Schaak 2006, S. 97). Die 2004 von Hagemann-Ehite und Kavemann durchgeführte WiBIG-Studie kommt zu dem Ergebnis, dass 43% der Klientinnen erwerbstätig waren, und betont zugleich, dass diese Zahl deutlich unter dem Bevölkerungsdurchschnitt liege (74,6%). Außerdem bemerken die Autorinnen, dass insgesamt 42% der beratenen Frauen in unsicheren finanziellen Verhätnissen leben (Hagemann-White, Kavemann 2004 Bd. I, S. 83). Somit sind die Frauen in sehr hohem Maße von Arbeitslosigkeit betroffen und nehmen in ebenfalls hohem Maße als Hausfrauen nicht am Erwerbsleben teil (Schaak 206, S. 101).

Auswirkungen auf die finanzielle Situation

Somit kann *„das Gewaltpotential in Familien bzw. in Partnerschaften [...] als ein erhebliches Armutsrisiko für Frauen gelten"* (Sellach, Enders-Dragässer 2000, S. 54), da damit häufig ein sozialer Abstieg einhergeht. Für viele der Frauen, die sich von gewalttätigen Partner_innen trennen, fallen die bisherigen Einkommensquellen weg. Ein Großteil der Frauen lebte vor der Trennung vom Gehalt

---

verschiedener Interventionsstellen. Da diese zugehende Beratungen anbieten und es sich um Erstberatungen handelt, spiegeln die vorgestellten Zahlen die Realität besser wider, als beispielsweise Statistiken von Frauenhausbewohnerinnen. Da in diesen ausschließlich Frauen aufgeführt werden, die sich bewusst für einen Aufenthalt in einer Schutzeinrichtung entschieden haben, ist dabei auch nur ein kleiner Ausschnitt der gewaltbetroffenen Frauen repräsentiert.

des/der Partner_in und dessen/deren Unterhaltszahlungen für ein Kind (GiG-net 2008, S. 65f). Statistiken des Frauenhauses Nürnberg belegen, dass vor dem Einzug insgesamt 22% der Frauen von ALG II lebten, während sich der Anteil mit dem Aufenthalt auf 47,55% erhöhte (Verein Hilfe für Frauen in Not e.V. 2013). Dies bestätigt die Bewohnerinnenstatistik der Frauenhäuser aus dem Jahr 2004: Vor dem Einzug in die Schutzeinrichtung lebten 44% der Frauen vom Einkommen des Partners, und 27% von Sozialhilfe. Mit dem Aufenthalt verschieben sich die Zahlen. So sinkt der Anteil der Frauen, die vom Familieneinkommen leben, um 37% auf nur noch 6,7%, während der Anteil der Sozialhilfeempfängerinnen um 40,8% auf 67,9% steigt (GiG-net 2008, S. 65). Ähnliche Ergebnisse zeigen auch die Auswertungen der Interventionsstellen. Hier verfügt eine große Gruppe von Hausfrauen über kein eigenes Einkommen (vgl. Schaak 2006, S. 101: 16,8%; Helfferich, Kavemann 2004, S. 35: 28%). In diesem Zusammenhang spielt die finanzielle Abhängigkeit vom Familieneinkommen des Partners eine gesteigerte Rolle, da sie ihm „*die Möglichkeit zur stetigen und alltäglichen Machtdemonstration und Kontrolle*" (Müller, Schröttle 2004a, S. 29) eröffnet. Häufig geht lediglich der Mann einer Erwerbstätigkeit nach, so dass „*bei bestehender geschlechtsspezifischer Erwerbs- und Einkommensstruktur [...] das Verlassen der Haushaltsgemeinschaft für die Frauen in der Regel [bedeutet], die eigene und die wirtschaftliche Basis der Kinder zu gefährden*" (Sellach, Enders-Dragässer 2000, S. 54).

Der Großteil der Frauen mit Kindern, die sich aus einer Gewaltbeziehung lösen, sind von nun an alleinerziehend, und Alleinerziehende sind überdurchschnittlich oft von Armut betroffen (Bundesministerium für Arbeit und Soziales 2013, S. XXIX). Zusätzlich spielt es eine Rolle, dass viele Frauen überstürzt aufbrechen und ihr gesamtes Eigentum in der Wohnung lassen. Eine *„gütliche und gerechte Aufteilung des gemeinsamen Eigentums [scheint häufig] nicht möglich. Alle materiellen Güter müssen neu angeschafft werden, denn ein Kampf um Gerechtigkeit erscheint oft aussichtslos"* (Müller, Schröttle 2004a, S. 52).

Ein nicht zu unterschätzendes Armutsrisiko sind außerdem Schulden. Beispielsweise werden während der Beziehung auf den Namen der Frau Waren bestellt, ohne diese zu bezahlen, oder die Frau unterschrieb eine Bürgschaft für den Mann, ohne sich der Auswirkungen bewusst zu sein (Groschoff 2009, S. 33f).

Auch an dieser Stelle muss darauf hingewiesen werden, dass Armut häufig einen schlechteren Gesundheitszustand nach sich zieht. *„Im Zusammenhang mit Gewalt entsteht so ein folgenschwerer Kreislauf für die Gesundheit und das Wohlbefinden der betroffenen Frauen"* (GiGnet 2008, S. 67).

Sonstige Auswirkungen

Auch in Bezug auf Wohnungsverlust bzw. Wohnungslosigkeit konnten erhebliche Zusammenhänge mit häuslicher Gewalt aufgedeckt werden. Zum einen kann das Verhältnis zu den Nachbar_innen und/oder zu dem/der Vermieter_in durch die Gewalthandlungen getrübt sein. Zum anderen flüchten gewaltbetroffene Frauen häufig aus der gemeinsamen Wohnung. Somit „*liegt der Wohnungslosigkeit von Frauen in 30% der Fälle eine Scheidung bzw. Trennung von ihren Partnern und in 18% der Fälle akute Gewalt durch den Partner/Ehemann oder einen Dritten ursächlich zu Grunde*" (GiG-net 2008, S. 67).

Der Vollständigkeit halber müssen an dieser Stelle ebenfalls die enormen gesellschaftlichen Kosten von häuslicher Gewalt erwähnt werden. Aufgrund der weitreichenden Auswirkungen und der Vielfältigkeit der Folgeerscheinungen, stellt die Schätzung der sozioökonomischen Kosten ein schwieriges Vorhaben dar. So geht Brzank davon aus, dass direkte Kosten im sozialen, individuellen und juristischen Bereich, im Gesundheitssektor, und im Bereich der Bildung entstehen. Die indirekten Kosten sind dabei sehr schwer abzuschätzen (Brzank 2011, S. 59f).

3.6. Nutzung von Hilfsangeboten durch Betroffene

Mit dem Nutzungsverhalten gewaltbetroffener Frauen haben sich etliche Studien beschäftigt. Die Frage, ob nach erlebter Gewalt Unterstützungseinrichtungen konsultiert wurden, ist dabei auf mehreren Ebenen relevant. So können dadurch Hemmschwellen bei der Hilfesuche identifiziert, und Rückschlüsse auf vorhandene Gründe der Nicht-Inanspruchnahme gezogen werden. Dadurch eröffnen sich, auch auf Seiten der Hilfseinrichtungen, Möglichkeiten, wie mit diesen Barrieren umgegangen werden soll. In der Konsequenz kann Prävention und Hilfe ausschließlich dann sinnvoll geleistet werden, wenn umfassende Kenntnisse über das Nutzungsverhalten von betroffenen Frauen vorliegen.

Zunächst soll auf die Art der Institution eingegangen werden. Dabei konnte eine Hierarchisierung in der Nutzung unterschiedlicher Unterstützungseinrichtungen, je nach Gewaltform und -kontext, festgestellt werden. Für den Bereich der häuslichen Gewalt gilt, dass am häufigsten medizinische Hilfen in Anspruch genommen wurden, gefolgt von psychosozialen Hilfen und der Polizei (Müller, Schröttle 2004a, S. 161). Dabei steigt der Anteil mit zunehmender Schwere der Gewalt: Von den Frauen, welche akute Verletzungsfolgen davontrugen, suchten 37% einen Arzt auf, 26% nahmen psychosoziale Hilfen in Anspruch und 19% riefen die Polizei. Da sich hierbei jedoch nicht auf *„Gewaltsituationen, sondern auf Viktimisierte (und*

damit oft auf mehrere Gewaltsituationen) bezogen [wird],
können wir davon ausgehen, dass – je nach Schweregrad,
Gewaltform und Täter-Opfer-Kontext – etwa 10% bis
höchstens 40% der Frauen, die von körperlicher oder se-
xueller Gewalt innerhalb oder außerhalb von Paarbezie-
hungen betroffen sind, institutionelle Hilfen in den Berei-
chen medizinische Versorgung, psychosoziale Unterstüt-
zung und polizeiliche Intervention in Anspruch nehmen"
(ebd., S. 163).

Somit gibt es mehr als doppelt so viele Frauen, welche
nach erfahrener Gewalt keine professionelle Hilfe in Anspruch genommen haben, als Frauen die Hilfe nachfragten
(BMFSFJ 2013, S. 18). Betrachtet man die Gruppe der
gewaltbetroffenen Frauen, so fällt ein Zusammenhang der
Nutzung von Unterstützungseinrichtungen mit soziostrukturellen Merkmalen auf. So fragen Frauen in der mittleren
Altersgruppe (25-45 Jahre) anteilsmäßig häufiger als jüngere bzw. ältere Frauen um Hilfe, insbesondere bei Frauen
ab 50 Jahren ist das nur noch sehr selten der Fall. In Bezug
auf die soziale Lage lässt sich feststellen, dass Frauen in
prekärer Einkommenslage am häufigsten Unterstützungsangebote nutzten (14%) und Frauen in relativem Wohl-
stand am seltensten (8%), während Frauen in Haushalten
in mittlerer und gehobener Einkommenslage hier mittlere
Werte aufwiesen (11%) (BMFSFJ 2012, S. 47).

Interessant ist der Befund, wonach ein Drittel der von
häuslicher Gewalt betroffenen Frauen keine psychosoziale
Unterstützung in Anspruch nahmen, obwohl nach deren
Einschätzung die Notwendigkeit bestanden hätte (Müller,
Schröttle 2004a, S. 171), und 17% trotz Indikation die

Konsultation eines Arztes unterließen (ebd., S. 166). Hierbei konnte bei Frauen mit niedrigem Bildungsstand, welche in Mietwohnungen leben, ein besonders hoher ungedeckter Bedarf nach Beratung ermittelt werden (BMFSFJ 2013, S. 18). Dies führt zu der Frage, warum keine Hilfseinrichtungen aufgesucht wurden.

Das schwerwiegendste Hindernis, welches einer Inanspruchnahme entgegensteht, stellt die komplette Unkenntnis der Betroffenen über spezifische Hilfsangebote dar.[29] Untersuchungen belegen, dass vor allem bei Frauen unter 18 Jahren und über 60 Jahren, bei Frauen mit geringem oder keinem Schulabschluss, bei Frauen im ländlichen Raum und bei Migrantinnen ein Wissensdefizit besteht (GiG-net 2008, S. 129). Dies ist besonders bedenklich, da es sich dabei hauptsächlich um Bevölkerungsgruppen handelt, welche besonders häufig und schwer von Gewalt betroffen sind. Insgesamt gaben 62% der betroffenen Frauen an, entsprechende Einrichtungen zu kennen, während 37% dies verneinten (Müller, Schröttle 2004a, S. 168). Dabei handelt es sich um Durchschnittswerte, denn beispielsweise ist bei Frauen ohne Schulabschluss die Existenz von Hilfseinrichtungen nur zu 48% bekannt (BMFSFJ 2012, S. 45).

25% der Frauen sagten aus, dass sie Scham davon abgehalten hat, eine Einrichtung aufzusuchen (Müller, Schröttle 2004a, S. 172). Dies spricht für eine immer noch sehr hohe Tabuisierung von häuslicher Gewalt in der Ge-

---

[29] In 22% der Fälle wurde das fehlende Wissen, wo entsprechende Hilfseinrichtungen zu finden seien, als Hauptgrund gegen eine Inanspruchnahme genannt (Müller, Schröttle 2004a, S. 172).

sellschaft. Darauf weisen auch Ergebnisse von Befragungen hin, wonach gerade in den Bereichen der sexuellen und häuslichen Gewalt mit keiner dritten Person über die Ereignisse gesprochen wurde. Dies gaben 56% der Frauen nach körperlicher Gewalt in der Beziehung, und 78% nach erlebter sexueller Gewalt durch den/die aktuellen Partner_in an[30]. Insbesondere Frauen ab 60 Jahren verschwiegen die Gewalthandlungen am häufigsten (GiG-net 2008, S. 113f). Dies kann als problematisch bewertet werden, denn das soziale Umfeld spielt in Bezug auf die Hilfesuche eine wichtige Rolle. Meist finden sich hier die ersten Ansprechpersonen, welche die Frauen in der Entscheidung, Hilfe zu suchen, bestärken können (ebd., S. 137f).

Ein weiteres Problem konnte bei der Bewertung von Übergriffen gefunden werden. So bilden „*kulturelle Bilder von Männlichkeit und Weiblichkeit und traditionelle Paarkonzepte die Grundlage für eine »Normalisierung« von Gewalt [...][welche] dazu beitragen können, dass Gewalt als »normal« erlebt wird, die Grenzen zwischen »Normalität« und »Gewalt« verwischt werden und Betroffene dadurch nicht oder erst sehr spät einen Unterstützungsbedarf für sich formulieren*" (ebd., S. 114f).

Dadurch wird es schwierig, zu entscheiden, wo die Gewalt anfängt. Diese Abgrenzung fällt vielen betroffenen Frauen schwer, insbesondere im Bereich der sexuellen Gewalt, was abermals mit dem vielfach erwähnten traditi-

---

[30] Zum Vergleich: Die Werte von Frauen, welche in einem anderen Täter-Opfer-Kontext Gewalt erfuhren, liegen bei 37% im Bereich körperlicher und 47% im Bereich der sexuellen Gewalt (GiG-Net 2008, S. 113).

onellen Geschlechterverhältnis zusammenhängt. Ähnliches gilt auch für physische Gewaltanwendung, welche für viele Frauen als *„eindeutige Grenze für nicht mehr akzeptables Beziehungsverhalten"* (ebd., S. 115) gilt. Diese Grenzen wurden allerdings als *„nicht trennscharf [...] [und] fließend"* (ebd., S. 115) beschrieben.

Besonders schwer fiel die Unterscheidung im Bereich der psychischen Gewalt. Interessant ist hierbei der Befund, dass diese häufig als noch schlimmer erlebt wurde, Konsequenzen jedoch sehr viel seltener gezogen wurden. Die Entscheidung, ob Hilfe in Anspruch genommen wird, ist auch vom individuellen Ermessen der Frauen abhängig, was sie für sich als aushaltbar definieren, beziehungsweise ab wann sie bereit sind, Konsequenzen zu ziehen. Diese Grenze des Aushaltbaren wird allerdings häufig verschoben und verhindert dadurch die Suche nach Hilfe (ebd., S. 115f).

Von Bedeutung ist auch, als wie schlimm die erlebten Gewalthandlungen eingeschätzt wurden. 28% der Frauen, welche häusliche Gewalt erlebten, gaben an, *„nicht in einer solchen Situation gewesen"* (Müller, Schröttle 2004a, S. 172) zu sein. Als Grund hierfür wird vermutet, dass die Frauen die Taten als zu geringfügig einstuften (ebd., S. 170). An dieser Tatsache ist bemerkenswert, dass die Hälfte dieser Frauen faktisch bedrohliche Formen von Gewalt erlebten, wobei diese mit Verletzungsfolgen beziehungsweise mit Angst vor lebensgefährlicher Verletzung einhergingen, und strafrechtlich relevant waren. Somit muss anscheinend eine sehr hohe Schwelle an Gewaltintensität erreicht sein, bevor die Notwendigkeit der Inanspruchnahme von psychosozialen Hilfseinrichtungen formuliert werden kann (GiG-net 2008, S. 119).

Ein weiterer Punkt, welcher die Nutzung von Hilfseinrichtungen bedingt, stellt die bisherige Erfahrung mit diesen Institutionen dar. Dabei spielen auch Bilder von Unterstützungseinrichtungen eine Rolle, also wie diese in der Öffentlichkeit wahrgenommen werden. So haben viele Frauen Angst vor unangenehmen Nachfragen (15%), vor mangelnder Anonymität (10%) und davor, dass ihnen in der Beratung nicht geglaubt werde (12%), und sahen deshalb davon ab, sich Hilfe zu suchen (Müller, Schröttle 2004a, S. 172). Diese Befürchtungen lassen sich häufig direkt mit der Gewaltthematik und den daraus resultierenden Selbstzweifeln in Zusammenhang bringen. In diesem Kontext steht auch die Angst, dass niemand, also auch keine Mitarbeiterin einer psychosozialen Hilfseinrichtung, das zum Teil ambivalente Verhalten der Betroffenen verstehen könne (GiG-net 2008, S. 120f). Einen weiteren Faktor stellt die grundsätzliche Einstellung zu Hilfsangeboten dar. Es wurde festgestellt, dass *„insbesondere niedrig qualifizierte Frauen mit einem niedrigen sozialen Status [...] eine große Distanz zu psychosozialer Beratung [hatten]; sie bevorzugten Unterstützung durch die Familie und das Umfeld"* (Helfferich, Kavemann 2010, S. 11). Die Vorstellung, was solche Beratungs- und Unterstützungsangebote leisten können, ist häufig sehr vage. Vielen Frauen fällt es schwer, zwischen unterschiedlichen Instanzen zu differenzieren. So kann zum Beispiel ein negatives Erlebnis mit dem Jugendamt generalisiert werden, und so auch die Einstellung zu anderen Angeboten verändern (ebd., S. 12).

Entscheiden sich gewaltbetroffene Frauen für die Nutzung von psychosozialen Unterstützungseinrichtungen, besuchen die meisten eine therapeutische Praxis (34,8%). An zweiter Stelle stehen allgemeine Beratungsstellen (30,8%), und 21% der Frauen entschieden sich für ein Frauenhaus. Frauenberatungsstellen wurden von 17,2% der Frauen konsultiert. Dass hierbei frauenspezifische Einrichtungen seltener in Anspruch genommen wurden, könnte unterschiedliche Gründe haben. Die Autorinnen der Studie vermuten, dass diese weniger bekannt und seltener vor Ort seien als allgemeine Einrichtungen und *„die Wahl der Hilfseinrichtung auch dadurch bestimmt sein [könnte], dass die eigene Problematik nicht in erster Linie und zentral als Gewaltproblem im Kontext des Frauseins wahrgenommen wird, sondern als allgemeines psychisches oder Lebens- und Partnerschaftsproblem mit vielfältigem Problemhintergrund und dass hierfür allgemeine psychologische/therapeutische und soziale Beratungsangebote als geeignet erachtet werden"* (Müller, Schröttle 2004a, S. 175).

Zusätzlich werden Frauenhäuser, trotz 24-stündiger unbürokratischer Aufnahmebereitschaft von vielen als hoch-schwellig wahrgenommen. Denn einerseits muss die Entscheidung, sich vom Partner trennen zu wollen (zumindest zeitweise) vorhanden sein, andererseits bringt der Einzug in ein Frauenhaus erhebliche Einschnitte in das Privatleben mit sich, womit strukturelle, materielle und emotionale Verluste einhergehen können. Darüber hinaus lastet ihnen das Stigma des sozialen Abstiegs an (GiG-net 2008, S. 136).

Nicht zu vernachlässigen ist außerdem die Angst vor der Rache des/der Täter_in, was 14% der Frauen als Grund gegen die Inanspruchnahme angaben (Müller, Schröttle 2004a, S. 172). Die Drohungen, Kontrolle und soziale Isolation, sowie die bereits dargestellten Beziehungsdynamiken erschweren eine Hilfesuche enorm. Neben den hier dargestellten Gründen existiert noch eine Vielzahl an weiteren, in den Personen liegenden Barrieren. Diese sind subjektiv und so verschieden wie die Frauen selbst. Je nach Charakter, Problemlage und Umfeld werden unterschiedliche Gegebenheiten als persönliche Gründe definiert, welche einer Inanspruchnahme entgegenstehen.

Abschließend bleibt zu bemerken, dass das Hilfesystem auf diese Barrieren reagieren und andere Angebote bereitgestellt werden müssen, welche auch Frauen erreichen, die bisher noch keinen Kontakt zu Unterstützungseinrichtungen hatten. Hierzu wurden neue Konzepte umgesetzt, welche hier aus Platzmangel allerdings nicht dargestellt werden können.[31]

---

[31] Zur Vertiefung: Hagemann-White, Carol; Kavemann, Barbara (2004): Gemeinsam gegen häusliche Gewalt. Neue Unterstützungspraxis bei häuslicher Gewalt. Wissenschaftliche Begleitung der Interventionsprojekte gegen häusliche Gewalt (WiBIG). Abschlussbericht. Löhmann, Rebecca; Herbers, Karin (2004): Mit BISS gegen häusliche Gewalt. Evaluation des Modellprojekts "Beratungs- und Interventionsstellen (BISS) für Opfer häuslicher Gewalt" in Niedersachsen. Hg. v. Niedersächsisches Ministerium für Soziales, Frauen, Familie und Gesundheit.

4. Hinführung zur Studie

Bereits an früherer Stelle wurde das sehr ambivalente Frauenbild innerhalb der extremen Rechten deutlich. Einerseits propagiert die extreme Rechte *„eine besondere Schutzbedürftigkeit von Frauen und Kindern mehrheitsdeutscher Herkunft [...] [und versucht] mit Kampagnen zu Kinderschutz und Kindesmissbrauch [...] anschlussfähig zur gesellschaftlichen Mitte zu werden"* (Kleffner 2014, S. 49). Andererseits sind die Begriffe Gewalt und Rechtsextremismus so eng miteinander verwoben, dass Heitmeyer die grundsätzliche Gewaltakzeptanz sogar in seine Definition einbezog. So ist es wenig verwunderlich, dass auch Phantasien von Gewalt gegen Frauen in der Szene allgegenwärtig sind, was auch in vielen rechten Liedtexten propagiert wird (vgl. Speit 2005, S. 12).

Bei diesen musikalisch angeregten Gedankenspielen bleibt es in manchen Fällen nicht. Gewalttaten rechter Männer gegen Frauen und Mädchen konnten von einigen Autor_innen anhand unterschiedlicher Datengrundlagen bestätigt werden (vgl. Kleffner 2014, S. 50f; Speit 2005, S. 29f; Köttig 2014, S. 89ff). Opfer dieser zumeist schweren körperlichen Misshandlungen werden nicht nur die vermeintlichen Feindinnen der Ideologie sondern auch Kameradinnen, Partnerinnen und Ehefrauen. So berichtete beispielsweise *„Ricarda Riefling, langjährige Ehefrau des Neonazi-Kaders Dieter Riefling, auf ihrer Facebook-Seite ausführlich über die Gewalt in ihrer Ehe"* (Kleffner 2014,

S. 55). In einem anderen Fall wurde eine, sich selbst als *„überzeugte Nationalsozialistin"* (o. V. 2009, S. 1) bezeichnende Frau von einer Mitarbeiterin eines Frauenhauses zu einem Gerichtstermin begleitet.

Ein Erklärungsansatz hierfür kann neben der grundsätzlich gesteigerten Gewaltaffinität der Szene auch in deren eher traditionellen Rollenverständnis vermutet werden. Bereits im Kapitel 3.2. wurde beschrieben, dass ein Zusammenhang zwischen hierarchischen Familienverhältnissen und häuslicher Gewalt bestehen kann. Es kann somit davon ausgegangen werden, dass häusliche Gewalt innerhalb der extremen Rechten eine Rolle spielt. Leider bestehen bis auf wenige bekannt gewordene Einzelfälle keine Daten bezüglich Ausmaß und Verbreitung. Heike Kleffner machte 2014 in einem Beitrag auf diese Informationslücke aufmerksam und schrieb weiter: *„Was derzeit fehlt, ist eine bundesweite oder zumindest ostdeutschlandweite Erhebung von Frauenhäusern unter dem Gesichtspunkt, inwieweit die Zahl in der extremen Rechten sozialisierter Frauen unter den Bewohnerinnen von Frauenzufluchtshäusern in den vergangenen Jahren zugenommen hat"* (Kleffner 2014, S. 56).

Die Verfasserinnen nahmen diese Feststellung zum Anlass, um eine bundesdeutsche Erhebung zum Thema durchzuführen. Ziel dieser Untersuchung war es jedoch nicht, nur eine weitere Datengrundlage bezüglich der Schnittpunkte der extremen Rechten mit häuslicher Gewalt zu schaffen, sondern auch die Arbeit der Frauenhäuser mit diesen Frauen zu beleuchten. Denn es kann davon ausgegangen werden, dass das Vertreten einer rechtsext-

remen Ideologie *„auch zu Spannungen unter der hetero-
genen Bewohnerinnenschaft der Frauenhäuser"* (ebd., S.
56) führen könnte.

Im folgenden empirischen Teil dieser Arbeit sollen also die Ergebnisse auf die folgende Fragestellung gefunden
werden: Welche Erfahrungen haben Mitarbeiterinnen von
frauenspezifischen Zufluchtsstätten im der Bundesrepublik
Deutschland mit extrem rechts orientierten Nutzerinnen
gemacht?

Die Studie besteht aus einer quantitativen Ersterhebung und darauf aufbauenden qualitativ geführten Expertinneninterviews. Da sich diese Erhebung ausschließlich
an Mitarbeiterinnen frauenspezifischer Zufluchtsstätten
richtet und deren (potenziellen) Klientinnen im Mittelpunkt des Interesses stehen, sehen die Verfasserinnen dieser Arbeit es als unumgänglich an, zu definieren, um was
es sich bei einer solchen frauenspezifischen Zufluchtsstätte handelt und einige weiterführende Informationen bezüglich der Nutzerinnenstruktur zu geben.

4.1. Frauenspezifische Zufluchtsstätten

Der Begriff der frauenspezifischen Zufluchtsstätten ist eine Sammelbezeichnung für alle Arten von Schutzwohnungen, in welche Frauen mit ihren Kindern vor häuslicher Gewalt fliehen können. Somit fallen darunter sowohl Frauenhäuser, als auch Schutzwohnungen und Notunterkünfte.

Die Bundesregierung geht davon aus, dass es in Deutschland *„zum Jahreswechsel 2011/2012 insgesamt 353 Frauenhäuser sowie mindestens 41 (teilweise einem Frauenhaus oder einer Fachberatungsstelle angegliederte) Schutz- bzw. Zufluchtswohnungen für Frauen in Deutschland gab"* (BMFSFJ 2013, S. 43). Diese Zahlen scheinen zwar nicht exakt zu stimmen, denn andere Quellen geben abweichende Zahlen an, jedoch vermitteln sie die grobe Größenordnung. Der Verein Frauenhauskoordinierung e.V. geht von *„345 Frauenhäuser[n] und 18 Frauenschutzwohnungen bzw. Notunterkünfte[n]"* (FHK e.V. 2009, Frauenhäuser) aus. Da in beiden Quellen Frauenhäuser quantitativ überwiegen, werden diese im Folgenden näher beleuchtet. Die angestellten Überlegungen gelten allerdings auch für andere Schutzeinrichtungen.

Bei Frauenhäusern handelt es sich um Zufluchtsstätten, in denen Frauen, die von Gewalt betroffen sind, für sich und ihre Kinder Schutz und eine vorübergehende Unterkunft finden. Dort erhalten sie professionelle Beratung und Unterstützung (Bordt 2012, S. 315). Kavemann beschreibt Frauenhäuser folgendermaßen:

„Frauenhäuser sind Kriseneinrichtungen für Frauen, die der Gewalt in der Partnerschaft ausgesetzt sind bzw. waren [sic!]. Sie bieten Schutz in Situationen akuter Bedrohung und Beratung beim Abklären von Fragen der Sicherheit von Frauen und ihren Kindern und den folgenden Schritten für ein Leben in Sicherheit" (Kavemann 2008, S. 8).

Die praktische Arbeit orientiert sich an den Prinzipien der Ganzheitlichkeit, Parteilichkeit und Betroffenheit, welche den Charakter zentraler Leitlinien darstellen. Dabei meint das Konzept der Ganzheitlichkeit in Bezug auf gewaltbetroffene Frauen, deren gesamte Lebenssituation samt stützendem sozialen Umfeld in die Beratung einzubeziehen, und nicht nur einen problematischen Aspekt im Lebenszusammenhang zu berücksichtigen (Brückner 2008, S. 11). Das Prinzip der Parteilichkeit hat in der Arbeit einen besonders hohen Stellenwert. Damit ist gemeint, als Sozialarbeiter_innen prinzipiell auf Seiten der Adressat_innen zu stehen. Im Hinblick auf frauenspezifische Angebote bedeutet das, *„die Interessen der Frauen und ihrer Kinder an die erste Stelle zu setzen und nicht als untergeordnete Belange unter »Familieninteressen« u. ä. anzusehen und nichts ohne Absprache mit der Klientin zu unternehmen"* (ebd., S. 12). Der Aspekt der Betroffenheit ist heute eher in den Hintergrund gerückt. Zu Beginn der Frauenhausbewegung stellte dieser auf die gemeinsame Gewaltbetroffenheit aller Frauen ab. Dabei wurde dieses Prinzip im Sinne der Selbsthilfe verstanden, was zum zentralen Leitbild avancierte. Inzwischen wird darunter eher der Grundsatz verstanden, dass ausschließlich Frauen in spezifischen Einrichtungen arbeiten (ebd., S. 14).

Ein weiterer Schwerpunkt der Frauenhäuser liegt nach wie vor in der Öffentlichkeitsarbeit, um die Gesellschaft auf häusliche Gewalt aufmerksam zu machen und das Recht auf körperliche Unversehrtheit und Selbstbestimmung einzufordern (Brückner 2002, S. 102).

4.2. Bewohnerinnenstatistik frauenspezifischer Zufluchtsstätten

Da sich unsere Studie mit Bewohnerinnen frauenspezifischer Zufluchtsstätten beschäftigt, ist es nötig, die aktuellen Statistiken der Frauenhauskoordinierung e.V. näher zu betrachten, welche deutschlandweit in Frauenhäusern Daten erhebt. Relevante Ergebnisse werden hier im Folgenden dargestellt.

Interessant ist der Befund, dass im Jahr 2013 56,8% aller Bewohnerinnen einen Migrationshintergrund hatten. Dieser Wert stieg über die letzten Jahre kontinuierlich an. Der Großteil der Frauen, welche Schutz in einer Zufluchtsstätte suchten, ist jedoch in Deutschland geboren, wobei deren Anteil im Vergleich zum Vorjahr sank (FHK e.V. 2014, S. 7f). Knapp 70% der Frauen war zwischen 20 und 40 Jahren alt, wobei hier die Gruppe der unter 30-jährigen überwiegt. Das Durchschnittsalter betrug somit 33 Jahre (ebd., S. 8).

Betrachtet man den Komplex aus Schulbildung und Berufsausbildung, so fällt auf, dass vor allem der Anteil der Frauen ohne Schulabschluss stetig ansteigt. Im Jahr 2013 traf das für 18,5% zu, womit der bundesdeutsche Durchschnitt der weiblichen Wohnbevölkerung deutlich überschritten wurde, denn dieser liegt bei 2%. Insbesondere mittlere und höhere Schulabschlüsse sind in Frauenhäusern unterrepräsentiert. Somit *„haben Frauen in Frauenhäusern [...] insgesamt ein deutlich niedrigeres Niveau schulischer Bildung"* (ebd., S. 8). Auf diesen Befund weisen auch die Daten zur Berufsausbildung hin. Viele Frauen (43%) haben keine Ausbildung abgeschlossen und abermals sind höhere Abschlüsse, wie beispielsweise ein Hochschulstudium, nur in sehr wenigen Fällen vorhanden. Dies lässt den Schluss zu, dass in vielen Fällen mangelnde finanzielle Ressourcen der ausschlaggebender Faktor für die Aufnahme in ein Frauenhaus darstellen, da andernfalls Alternativen dazu gefunden werden könnten (ebd., S.8f).

Im Hinblick auf die Einkommenssituation vor dem Frauenhausaufenthalt lässt sich feststellen, dass viele die finanziellen Ressourcen aus mehr als einer Quelle beziehen. So lebten 43,9% der Frauen von Unterhaltszahlungen für deren Kinder, 40,7% bezogen Arbeitslosengeld II, und 28,8% lebten vom Familieneinkommen, beziehungsweise von Unterhaltszahlungen vom Partner. Nur 22,1% erhielten Lohn aus einem eigenen Einkommen. Die Entwicklungen der letzten Jahre zeigen auf, dass zunehmend viele Frauen bereits vor dem Aufenthalt in prekären finanziellen Verhältnissen leben (ebd., S. 10). Durch den Einzug in die Schutzeinrichtung verringert sich der Anteil der Frauen, welche vom Familieneinkommen lebten, während der Anteil der Arbeitslosengeld II-Bezieherinnen auf 66% stieg. Viele Frauen müssen im Zuge des Aufenthalts ihre eigene Erwerbstätigkeit aufgeben, dieser Wert sank um 5,9%. Somit „*wird die finanzielle Notlage der Frauen in vielen Fällen noch einmal verschärft*" (ebd., S. 11).Trotz dieser Auffälligkeiten ist die Bewohnerinnenschaft der Frauenhäuser sehr heterogen.

Insgesamt 83,8% der Bewohnerinnen lebte vor dem Einzug in die Schutzeinrichtung im selben Bundesland. Der Anteil der Frauen, welche jedoch über eine Bundeslandgrenze hinweg floh, stieg über die letzten Jahre stetig an und lag im Jahr 2013 zwischen 15-20% (ebd., S. 9).

II Quantitative Ersterhebung

Mit der Durchführung dieser quantitativen Vorstudie wurden zwei Ziele verfolgt. Zum einen sollte festgestellt werden, wie viele frauenspezifische Zufluchtsstätten in der Bundesrepublik tatsächlich Erfahrungen im Umgang mit extrem rechten Frauen haben oder hatten, zum Anderen erhofften wir uns über diesen Weg potentielle Interviewpartnerinnen für die qualitative Hauptstudie zu akquirieren.

1. Methodisches Vorgehen

Im Folgenden wird unser Weg von der Beschaffung des zu Grunde liegenden Datenmaterials über die Anfrage frauenspezifischer Zufluchtsstätten und deren Rückmeldung bis hin zur Auswertung der Ergebnisse, nachgezeichnet.

1.1. Beschaffung des zu Grunde liegenden Datenmaterials

Um ein deutschlandweit repräsentatives Ergebnis zu erzielen, sahen wir es als notwendig an, alle frauenspezifischen Zufluchtsstätten im Bundesgebiet zu kontaktieren. Der Verein Frauenhauskoordinierung e.v. stellt auf seinem Internetauftritt eine Suchfunktion zur Verfügung, bei der 364 Frauenhäuser in Deutschland aufgeführt sind (Stand 01.11.2014). Hierzu werden auch sämtliche andere Formen von frauenspezifischen Zufluchtsstätten gerechnet. Jeder Eintrag beinhaltet unterschiedliche Möglichkeiten der Kontaktaufnahme (Telefon, E-Mail, Internet, etc.), sowie allgemeine Kurzinformationen zur jeweiligen Einrichtung (vgl. Internetauftritt des Frauenhauskoordinierung e.V.).

Wie bereits an früherer Stelle beschrieben geht die Bundesregierung von insgesamt 353 Frauenhäusern sowie mindestens 41 Schutz- bzw. Zufluchtswohnungen in Deutschland aus. Diese 41 Wohnungen sind jedoch teilweise Frauenhäusern angegliedert (BMFSFJ 2013, S. 43).

Eine genaue Anzahl der frauenspezifischen Zufluchtsstätten ist somit aus diesem Bericht nicht ableitbar, muss sich jedoch zwischen 353[32] und 394[33] Einrichtungen bewegen. Die von der Frauenhauskoordinierung e.V. registrierten 364 frauenspezifischen Zufluchtsstätten könnten

---

[32] Sämtliche Schutz- und Zufluchtswohnungen sind Frauenhäusern angegliedert.
[33] Keine Schutz- und Zufluchtswohnungen sind Frauenhäusern angegliedert, sie werden als eigenständig gewertet.

daher nicht der tatsächlichen Zahl in der Bundesrepublik Deutschland entsprechen.

Die Zahl der Frauenhauskoordinierung e.V. liegt jedoch innerhalb der von der Bundesregierung festgestellten Zahlen. Es kann davon ausgegangen werden, dass die frauenspezifischen Zufluchtsstätten, welche auf der Internetplattform der Frauenhauskoordinierung e.V. gelistet sind, allesamt eigenständig arbeiten, da sie über eigene Kontaktdaten verfügen. Somit kann es als gesichert gelten, dass mindestens 364 spezifische Einrichtungen existieren. Aus diesem Grund dient uns die Angabe des Vereins Frauenhauskoordinierung e.V. als Ausgangslage für die weitere Untersuchung.

1.2. Erhebungsinstrumente

Wir führten eine Kurzumfrage in Form einer strukturierten, schriftbasierten, internetgestützten Einzelbefragung durch.

Dabei stellt die Befragung einen *„systematisch geplante[n] Kommunikationsprozess zwischen mindestens zwei Personen"* (Raithel 2008, S. 65) dar. Durch die Befragung war es uns möglich, die Erinnerung und Erfahrungen der einzelnen Mitarbeiterinnen zum Thema in einer standardisierten Form abzufragen. Dazu entschieden wir uns für eine geschlossene Fragestellung. Als Vorteile dieses Fragetyps gelten: „Vergleichbarkeit der Antworten, höhere Durchführungs- und Auswertungsobjektivität, geringerer

Zeitaufwand für den [/die] Befragten, leichtere Beantwortbarkeit für Befragte mit Verbalisierungsschwierigkeiten [und] geringerer Aufwand bei der Auswertung" (Raithel 2008, S. 68).

Für unsere Kurzumfrage waren insbesondere die Vergleichbarkeit der Antworten sowie der geringe Zeitaufwand für die Befragten ausschlaggebend.

Bei unserer Umfrage handelt es sich um eine Vollerhebung der Grundgesamtheit. Das bedeutet, dass wir *„alle potenziell untersuchbaren Einheiten bzw. Elemente, die ein gemeinsames Merkmal (oder eine gemeinsame Merksmalskombination) aufweisen"* (ebd., S. 54), in unsere Untersuchung einschlossen. Konkret heißt dies, dass wir alle derzeit existierenden frauenspezifischen Zufluchtsstätten im Bundesgebiet befragten (ebd., S. 54).

1.3. Kontaktaufnahme

Aufgrund der vom Frauenhauskoordinierung e.V. zur Verfügung gestellten Kontaktdaten legten wir einen E-Mailverteiler an, der sämtliche verfügbaren E-Mailadressen enthielt.[34] So war es uns möglich alle frauenspezifischen Zufluchtsstätten zu kontaktieren.

---

[34] Bei fünf frauenspezifischen Zufluchtsstätten konnten wir keine E-Mailadresse ermitteln, weswegen wir die Erstanfrage telefonisch durchführten. Hiervon konnten wir lediglich zwei Einrichtungen erreichen. Die genutzte Fragestellung blieb gleich.

Wir verschickten im Oktober 2014 eine E-Mail mit folgendem Inhalt:

„Sehr geehrte Damen, liebe Frauen,

wir sind zwei Studentinnen der Sozialen Arbeit an der Technischen Hochschule Georg-Simon-Ohm in Nürnberg. Bereits vor und während unseres Studiums haben wir uns sowohl mit Gewalt gegen Frauen als auch mit Rassismus und Rechtsextremismus kritisch auseinandergesetzt. Im Rahmen unserer Abschlussarbeit, die von Prof. Renate Bitzan betreut wird, führen wir nun eine „bundesweite Erhebung zur Nutzung frauenspezifischer Zufluchtsstätten durch extrem rechte Frauen, welche von häuslicher Gewalt betroffen sind" durch.

Ziel dieser Untersuchung ist es, herauszufinden, wie viele Frauen mit extrem rechtem Hintergrund solche Einrichtungen bisher tatsächlich aufsuchten und welche Besonderheiten sich im Umgang mit diesen ergeben. Wir hoffen, dass wir mit den Ergebnissen unserer Analyse ggf. auch hilfreiche Anregungen für Ihre Arbeit vor Ort beisteuern können.

Um ein möglichst umfassendes Ergebnis zu erhalten, bitten wir Sie daher um die Beantwortung der folgenden Frage:

Haben in Ihrer Einrichtung bereits Frauen um Unterstützung nachgesucht, bei denen Sie davon ausgehen, dass sie einen extrem rechten Hintergrund haben?

Bitte geben Sie auch dann Rückmeldung, wenn Sie die Frage mit „Nein" beantworten.

Falls Sie diese Frage mit „Ja" beantworten können, würden wir Sie außerdem sehr gerne zum Thema interviewen.

Selbstverständlich achten wir grundsätzlich auf Wahrung der Anonymität.

Wir bedanken uns ganz herzlich für Ihre Hilfe und freuen uns auf die Antwort (nach Möglichkeit bis Anfang Oktober).

Mit besten Grüßen"

In unserer Ersterhebungsfrage wählten wir absichtlich die Formulierung *„bei denen Sie davon ausgehen, dass sie einen extrem rechten Hintergrund haben"*. So war es uns möglich, nach den subjektiven Eindrücken der in den frauenspezifischen Zufluchtsstätten Tätigen zu fragen. Deren Einschätzungen bilden somit die Grundlage für unsere Studie. Dies erschien uns die einzige Möglichkeit, um eine bundesweite empirische Datenerhebung durchzuführen. Die Befragung von extrem rechten Frauen selbst zum Thema wurde zu Beginn diskutiert. Wir entschieden uns jedoch gegen dieses Vorgehen, da die Kontaktaufnahme zu einer ausreichenden Anzahl betroffener Frauen sich als nicht realisierbar erwies.

Obwohl wir davon ausgehen konnten, dass die Mitarbeiterinnen der von uns kontaktierten Zufluchtsstätten keine einheitliche Definition von Rechtsextremismus vertreten, verzichteten wir dennoch auf Hinweise zur Begriffserklärung. Unsere Intension war es, hier die Einschätzungen der Mitarbeiterinnen bezüglich extrem rechter Frauen nicht einzuschränken.

Außerdem gestalteten wir die Formulierung unserer Frage absichtlich geschlossen, sodass lediglich zwei Antwortmöglichkeiten (Ja/Nein) zur Verfügung standen. Dies sollte die Niedrigschwelligkeit unserer quantitativen Ersterhebung erhöhen. Aus selbigem Grund stellten wir lediglich eine Frage.

Nach Ablauf einer vierwöchigen Antwortfrist, sendeten wir eine Erinnerungsmail an die Einrichtungen, welche sich noch nicht zurückgemeldet hatten. Nach Beendigung unserer Ersterhebung erhielten alle beteiligten frauenspezifischen Zufluchtsstätten außerdem eine Dankesnachricht.

1.4. E-Mailrücklauf und Auswertung

Nach Versand der oben stehenden E-Mail erhielten wir im Laufe der nächsten ca. sechs Wochen eine große Fülle an Antworten. Der überwiegende Teil beschränkte sich dabei lediglich auf die Beantwortung unserer Frage. Als Beispiel hierfür kann folgende Rückmeldung gelten:

„Liebe Agnes, liebe Katrin,
wir können bezüglich eurer Kurzumfrage ein ganz klares „Nein" senden. Frauen mit extrem rechten Hintergrund sind bei uns nicht aufgefallen.
Liebe Grüße"

Wenige Antworten enthielten weitere Informationen. Häufig wurde darauf hingewiesen, dass die politische Orientierung während eines Frauenhausaufenthalts eine untergeordnete Rolle spiele und somit nicht zum Thema gemacht werde. Nachfolgende Antwort steht stellvertretend hierfür:

„Guten Tag Frau [...],
zu Ihrer Anfrage können wir keine Aussage treffen. Wir würden sie eher mit nein beantworten. Allerdings ist der politische Hintergrund einer hilfesuchenden Frau auch nur dann ein Thema, wenn die Frau dies anspricht.
Mit freundlichen Grüßen"

Die nachfolgende Rückmeldung kann als Beispiel für eine positive Antwort gelten. Auch hier wurden weitere Informationen mitgeteilt. Dieses Vorgehen konnte bei einigen Einrichtungen, welche bereits Erfahrung mit extrem rechten Frauen hatten, beobachtet werden.

„Hallo liebe Studentinnen,

ja auch wir, das Frauenhaus [Name des Frauenhauses], haben schon Erfahrung mit Bewohnerinnen gemacht, die einen rechten Hintergund mitbrachten. Dies brachte natürlich eine Menge Probleme im Zusammenleben mit allen anderen Bewohnerinnen mit sich - zumal zeitgleich viele ausländische Frauen im Haus wohnten.

Bewusst kann ich mich an 2 Frauen in den letzten 4 Jahren erinnern. Eine Frau war der rechten Szene entflohen und distanzierte sich von diesem Hintergrund zunehmend. Sie ist inzwischen betreut durch eine Organisation, die sich um Aussteiger kümmert.

Die andere junge Frau musste damals unser Haus verlassen aufgrund ihrer rechten Verhaltensweise. Diese war für das Zusammenleben mit Frauen unterschiedlicher Nationen irgendwann nicht mehr tragbar. Ich hoffe, diese Infos reichen Ihnen.

Frohes Schaffen und viel Erfolg wünscht [Name der Mitarbeiterin]“

Sehr vereinzelt wurde in Nachrichten die Sinnhaftigkeit der Untersuchung angezweifelt. Diese vertraten die Ansicht, dass extrem rechte Frauen dem Grunde nach kei-

ne Opfer seien, und somit niemals Schutz in frauenspezifischen Zufluchtsstätten suchen würden.

„Liebe Studentinnen,
extrem rechte Frauen sind, glaube ich, keine typischen
Opfer. Sie werden also kaum Opfer von häuslicher Ge-
walt. Ich habe seit 20,5 Jahren keine rechte Frau kennen-
gelernt, welche um Hilfe bat.
Da diese Frauen ja selbst Gewalt verherrlichen wür-
den sie vielleicht auch gar keine Hilfe wollen!
MfG"

Des Weiteren wurde unsere Forschungsfrage von einigen Mitarbeiterinnen der Einrichtungen falsch verstanden.

„Sehr geehrte Frau [...], sehr geehrte Frau [...],
in unserer Einrichtung hatten wir es noch nicht mit
Frauen zu tun, die Gewalt durch Rassismus oder Rechts-
extremismus erfahren haben. Es ist aber ein sehr interes-
santes Thema und ich wünschen Ihnen viel Erfolg bei Ih-
rer Arbeit.
Mit freundlichen Grüßen"

Bei sämtlichen frauenspezifischen Zufluchtsstätten,
welche unsere Anfrage mit „Nein" beantworteten, bedank-
ten wir uns lediglich für die Teilnahme. Weiterführenden
Kontakt pflegten wir ausschließlich mit Einrichtungen, die
uns eine positive Rückmeldung zukommen ließen.
Für die Auswertung der Untersuchung legten wir eine
Tabelle an, in welcher wir jede frauenspezifische Zu-

fluchtsstätte und deren Rückmeldung vermerkten. So entstand eine Auflistung mit den drei Antwortkategorien ja, nein und keine Rückmeldung.

Um eine Grundlage für die spätere Vergleichbarkeit der Daten zu schaffen, entschieden wir uns dafür, die einzelnen Einrichtungen nach Bundesländern zu kategorisieren. Dies brachte einen weiteren Vorteil mit sich. Hierdurch konnte die Anonymität der einzelnen Zufluchtsstätten sichergestellt werden, da wir bei der Auswertung lediglich auf die Bundesländer Bezug nehmen und so die tatsächlichen Standorte der Einrichtungen nicht mehr von Bedeutung sind.

In einem weiteren Schritt war es uns nun möglich, den prozentualen Anteil der Antworten insgesamt, sowie den der Ja-Antworten bundeslandspezifisch und für das gesamte Bundesgebiet zu ermitteln. An dieser Stelle muss darauf hingewiesen werden, dass es aufgrund der unterschiedlichen Anzahl von frauenspezifischen Zufluchtsstätten in den einzelnen Bundesländern zu statistischen Verzerrungen kommen kann. So fällt die Antwort einer Zufluchtsstätte aus einem Bundesland mit lediglich drei Einrichtungen insgesamt prozentual viel stärker ins Gewicht.

2. Ergebnisse

Von 364 kontaktierten frauenspezifischen Zufluchts-stätten meldeten sich 197 zurück, dies entspricht 54 Pro-zent (vgl. Tabelle 1). Da es sich bei unserer Untersuchung um eine Vollerhebung handelt, kann sie somit als reprä-sentativ gelten. 21 Einrichtungen beantworteten unsere Anfrage positiv. In der Bundesrepublik haben somit knapp 11% aller frauenspezifischen Zufluchtsstätten bereits Er-fahrungen im Umgang mit extrem rechten Frauen gesam-melt (vgl. Tabelle 1).

	Frauen-häuser gesamt	Antwort	Davon Ja-Antworten	Antworten (100% = 364)	Ja-Antworten (100% = 364)	Ja-Antworten (100% = 197)
Baden-W.	42	29	3	69,05	7,14	10,34
Bayern	44	27	2	61,36	4,55	7,41
Berlin	6	3	0	50,00	0,00	0,00
Brandenb.	18	10	2	55,56	11,11	20,00
Bremen	3	0	0	0,00	0,00	0,00
Hamburg	5	4	1	80,00	20,00	25,00
Hessen	31	17	2	54,84	6,45	11,76
Meck.-V.	10	6	1	60,00	10,00	16,67
Nieders.	41	18	2	43,90	4,88	11,11
NRW	74	35	1	47,30	1,35	2,86
Rheinl.-Pf.	18	13	3	72,22	16,67	23,08
Saarland	4	4	0	100,00	0,00	0,00
Sachsen	15	7	0	46,67	0,00	0,00
Sachs.-A.	20	9	1	45,00	5,00	11,11
Schl.-Hol.	16	6	1	37,50	6,25	16,67
Thüringen	17	9	2	52,94	11,76	22,22
insgesamt	**364**	**197**	**21**	**54,12**	**5,77**	**10,66**

Tabelle 1: Auswertung der Ersterhebung

Betrachtet man das Rückmeldeverhalten der Einrichtungen nach einzelnen Bundesländern, so gibt es unserer Meinung nach einige Besonderheiten. Auffällig ist, dass wir aus dem Stadtstaat Bremen keine Rückmeldung erhalten haben. Im Gegensatz hierzu meldeten sich alle befragten Zufluchtsstätten aus dem Bundesland Saarland zurück. Mit insgesamt 35 Antworten stammten die meisten Rückmeldungen aus Nordrhein-Westfalen. Dies ist jedoch nicht weiter verwunderlich, da in diesem Bundesland auch die höchste Dichte an Zufluchtsstätten zu verzeichnen ist (vgl. Tabelle 1).

Die Einrichtungen aus Berlin, Bremen, Saarland und Sachsen meldeten zurück, dass sie keinerlei Erfahrungen im Umgang mit Frauen aus der extremen Rechten hatten. Die drei erstgenannten Bundesländer besitzen jeweils sechs oder weniger frauenspezifische Zufluchtsstätten. In Sachsen hingegen existieren 15 Einrichtungen. Dies stellt zwar im Vergleich zum bundesweiten Durchschnitt eine eher geringe Anzahl dar, trotzdem handelt es sich hier um das einzige Bundesland mit zehn oder mehr Einrichtungen ohne spezifische Erfahrungen. Die meisten positiven Rückmeldungen (jeweils 3) erhielten wir aus Baden-Württemberg und Rheinland-Pfalz. Jedoch muss darauf hingewiesen werden, dass sich aus diesen beiden Bundesländern überdurchschnittlich viele Einrichtungen zurückmeldeten (vgl. Tabelle 1). Ob zwischen diesen beiden Befunden ein direkter Zusammenhang besteht, kann an dieser Stelle nicht abschließend beurteilt werden.

169

Die folgende Abbildung verdeutlicht die Verteilung der Einrichtungen in Deutschland, welche Erfahrung im Umgang mit extrem rechten Frauen haben.

Im gesamten Bundesgebiet kann eine ausgewogene Verteilung beobachtet werden. Lediglich der Süd-Westen, vertreten durch Baden-Württemberg und Rheinland-Pfalz, weist hier leicht erhöhte Werte auf (vgl. Abbildung 1).

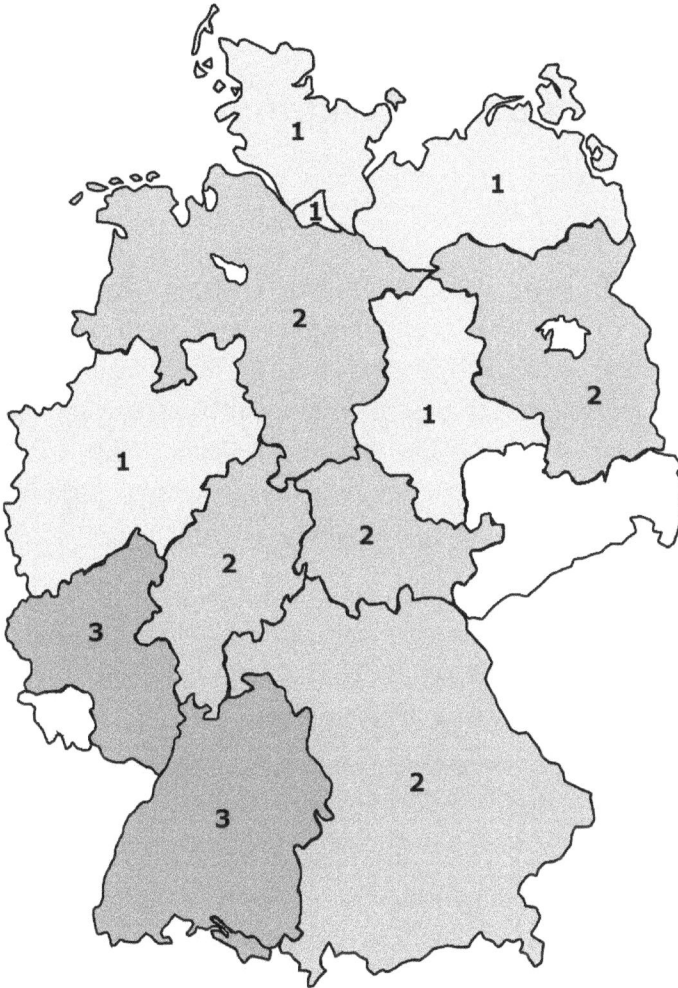

Abbildung 1: Anzahl frauenspezifischer Zufluchtsstätten mit Erfahrung mit extrem rechten Frauen nach Bundesländern.

IV Qualitative Hauptuntersuchung

Aufbauend auf den quantitativ erhobenen Daten führten wir qualitative Expertinneninterviews durch. Um den Umgang der frauenspezifischen Zufluchtsstätten mit extrem rechten Frauen besser herausarbeiten zu können, baten wir um die möglichst detaillierte Rekonstruktion einzelner Fälle. Sämtliche im Folgenden vewendeten Datengrundlagen stammen aus dieser eigenen Erhebung.

1. Methodisches Vorgehen

Im Folgenden wird das methodische Vorgehen in der qualitativen Hauptuntersuchung dargelegt. Als besonders erwähnenswert erschien uns in diesem Zusammenhang der Vorgang der Kontaktpflege zu den - während der Ersterhebung akquirierten - frauenspezifischen Zufluchtsstätten. Außerdem beschreiben wir die von uns genutzten Erhebungsinstrumente und zeigen auf, mit welchem Verfahren wir die Auswertung durchführten.

1.1. Kontaktpflege

Nach Abschluss der quantitativen Ersterhebung kontaktierten wir alle frauenspezifischen Zufluchtsstätten,
welche uns mitgeteilt hatten, bereits Erfahrung mit extrem
rechten Frauen zu haben. Hierzu versendeten wir folgende
E-Mail, in welcher wir um Terminvorschläge für ein qua-
litatives Telefoninterview baten:

„Sehr geehrte Damen, liebe Frauen,
wir möchten uns bei Ihnen ganz herzlich für die Rück-
meldung auf unsere Kurzumfrage bedanken.
Wie angekündigt würden wir Sie gerne in einem
nächsten Schritt zum Thema interviewen. Inhalt dieses
Gesprächs wird neben ihren Erfahrungen im Umgang mit
der extrem rechten Frau auch deren Geschichte sein.
Das Interview würden wir gerne telefonisch durchfüh-
ren und mit einem Aufnahmegerät aufzeichnen, um die
Ergebnisse zu sichern. Selbstverständlich werden perso-
nenbezogene Daten und Ortsangaben von uns anonymi-
siert und nicht weiter gegeben.
Das Interview sollte binnen der nächsten drei Wochen
stattfinden. Wir würden uns deshalb über einen Termin-
vorschlag in diesem Zeitraum von Ihrer Seite sehr freuen.
Wir bitten Sie, sich für das Gespräch ca. eine Stunde
frei zu halten.
Bereits im Voraus bedanken wir uns für Ihre Unter-
stützung!
Mit besten Grüßen“

Leider erhielten wir auf diese Anfrage insgesamt lediglich sieben Rückmeldungen. Fünf Einrichtungen teilten uns darin mit, dass sie für ein telefonisches Interview nicht zur Verfügung ständen. Als Grund hierfür wurden meist personelle Engpässe angegeben. In einer der beiden verbliebenen Antworten wurde um weitere Informationen zur Untersuchung gebeten, welche wir der betreffenden Einrichtung anschließend zukommen ließen. Lediglich eine Zufluchtsstätte nannte uns Terminvorschläge zur Durchführung des Interviews.

Aufgrund dieses geringen Rücklaufs beschlossen wir mit den potenziellen Interviewpartnerinnen telefonisch eine Terminvereinbarung zu treffen. Auf diese Weise konnten wir weitere dreizehn Personen für ein Telefoninterview gewinnen. Die Mitarbeiterin eines Frauenhauses meldete uns bereits auf die Erstanfrage zurück, dass sie zwar Erfahrung im Umgang mit extrem rechten Frauen habe, jedoch in einer Woche vom Dienst ausscheide und somit weitere Informationen lediglich innerhalb der nächsten Tage per E-Mail geben könne. Da zu diesem Zeitpunkt der Leitfaden für die Expertinneninterviews noch nicht ausgearbeitet war, konnte hier nur ein Teil der Informationen schriftlich abgefragt werden.

1.2. Erhebungsinstrumente

Wir führten insgesamt vierzehn Expertinneninterviews mit Mitarbeiterinnen frauenspezifischer Zufluchtsstätten durch. Dabei werden die Expertinnen *„als Akteure in dem von Ihnen repräsentierten Funktionskontext angesprochen"* (Mey, Mruck 2010, S. 427). Es tritt die Biografie der Beteiligten in den Hintergrund. Welche Person als Expert_in gilt, lässt sich lediglich aus der Forschungsfrage ableiten (ebd., S. 427). Aufgrund der Themensetzung der vorliegenden Studie können Mitarbeiterinnen frauenspezifischer Zufluchtsstätten als Expertinnen betrachtet werden, da eine explizite Abfrage ihrer Erfahrungen im Umgang mit extrem rechten Frauen angestrebt wurde.

Expert_inneninterviews können in unterschiedlichen Settings stattfinden. Aufgrund der räumlichen Distanz zu unseren Interviewteilnehmerinnen beschlossen wir, diese telefonisch durchzuführen. Dies machte es uns möglich, die Kommunikation *„zeitlich synchron, aber an verschiedenen Orten"* (ebd., S. 430) stattfinden zu lassen. In einem Fall handelte es sich um ein *„E-Mail-Interview, das zeitlich wie örtlich asynchron geführt"* (ebd., S. 430) wurde. Die Eingangs- sowie die Abschlussfrage stellten wir in Anlehnung an das narrative Verfahren. Diese *„auf Erzählung zielende"* (ebd., S. 424) Methode nutzen wir, um den Erzählfluss anzuregen bzw. um sicherzustellen, dass alle relevanten Inhalte während des Interviews thematisiert wurden. Als Beispiel hierfür kann folgende Frage gelten: *„Da würd ich jetzt einfach bitten, dass Sie einfach mal* *erzählen, was Sie alles noch so wissen!"* (Transkript 6, S. 2).

Aufgrund der Durchführung von kostengünstigen Telefon- und E-Mail-Interviews war es uns möglich, ohne Zeitverlust über große Distanzen hinweg zu kommunizieren. Wir sind uns jedoch darüber bewusst, dass so keine visuellen Informationen vermittelt werden konnten und im Falle des E-Mail-Interviews auch keine spontane Kommunikation möglich war (Mey, Mruck 2010., S. 430).

Als Hilfestellung für die Durchführung der Interviews fertigten wir im Vorfeld einen Leitfaden an. Dieser half dabei, unser Vorwissen zu kategorisieren und diente während der Durchführung als Checkliste, um *„zu prüfen, ob alle wichtigen Fragen gestellt bzw. im Interview angemessen angesprochen wurden"* (ebd. S. 430). Wir zeichneten sämtliche Telefoninterviews mit einem Aufnahmegerät für die spätere Bearbeitung auf.

1.3. Auswertung

In einem ersten Schritt fertigten wir Transkripte der durchgeführten Expertinneninterviews an. Hierbei handelt es sich um *„eine [...] Abschrift von Gesprächen"* (Dresing, Pehl 2010, S. 723). Als Grundlage hierfür nutzten wir unsere Audioaufnahmen. Ziel war es, durch diese exakte Verschriftlichung des Interviews eine Grundlage für die spätere Analyse zu schaffen. Wir orientierten uns für die Transkription so nah wie möglich an der Original-

aufnahme. Das bedeutet, dass wir sowohl Dialekte, außer-
sprachliche Merkmale, Pausen, sowie Zögerrungslaute
und Ähnliches in unsere Verschriftlichung einbezogen.
Des Weiteren nutzten wir einige Notationszeichen. Als
Beispiele hierfür kann zum einen die Verwendung von
drei hintereinander folgenden Punkten (…) zur Kenn-
zeichnung von Pausen und zum anderen der Gebrauch von
eckigen Klammern ([ ]) zur Modifikation des Originaltex-
tes, gelten.

Wir schlossen eine qualitative Inhaltsanalyse an. Unser
Ziel war es die „interpretative Textanalyse intersubjektiv
überprüfbar durchzuführen" (Mayring 2010, S. 602). Diese, hauptsächlich in der quantitativen Forschung angewendete Technik, erlaubte es uns die vorliegenden
Transkripte zusammenzufassen und zu strukturieren. Während Zusammenfassungen „den Text auf seine wesentlichen Bestandteile reduzieren [wollen], um zu Kernaussa-
gen zu gelangen [...][sollen] Strukturierungen [...] im
Textmaterial Querauswertungen vornehmen [und] bestimmte Aspekte herausgreifen" (Mayring 2010, S. 602)

Die Kategoriebildung erfolgte in zwei Phasen. In der
Ersten nutzten wir den für die Expertinneninterviews gestalteten Leitfaden, um von diesem sinnvolle Kategorien
abzuleiten. Anschließend werteten wir die Transkripte
anhand dieser Kategorien aus. Hierbei handelt es sich um
ein deduktives Vorgehen, da vom Allgemeinen aufs Spe-
zielle geschlossen wird. Während dieses Prozesses stellten
wir jedoch fest, dass viele Textpassagen unberücksichtigt
blieben. Aus diesem Grund entwickelten wir in einer
zweiten Phase weitere induktiv gewonnene Kategorien.

Dies bedeutet, dass wir vom einzelnen Interview ausgehend allgemeingültige Kategorien entwarfen. Die Auswertung wurde in tabellarischer Form angefertigt (Betzler, Degen 2014c). Hierbei stellt die Liste der frauenspezifischen Zufluchtsstätten die horizontale und die von uns entwickelten Kategorien die vertikale Achse dar.

Während der Kategorisierung der Transkripte bemerkten wir Parallelen zwischen einzelnen Fällen. Aus diesem Grund beschlossen wir eine Typisierung durchzuführen. Definieren lässt sich diese wie folgt: *„Aufgrund von Ähnlichkeiten in ausgewählten Merkmalsausprägungen werden Objekte zu Typen zusammengefasst. Dabei sollen die Objekte desselben Typs einander möglichst ähnlich, die verschiedenen Typen hingegen möglichst unähnlich sein"* (Kuckartz 2010, S. 555f).

Bei einem Typus handelt es sich somit um *„die Essenz dessen [...], was übrig bleibt, wenn alles Individuelle, Persönliche und Ideografische abgezogen wird"* (ebd., S. 555) Wir haben eine Gruppierung von Fällen, welche ähnliche Muster aufweisen, durchgeführt. Ein Typus besteht hierbei immer *„aus mehreren (Einzel-)Fällen, die sich untereinander ähnlich sind"* (ebd., S. 556).

2. Ergebnisse

Im Folgenden werden die Ergebnisse der Hauptuntersuchung dargelegt. Als Ausgangsmaterial hierfür gelten die vierzehn von uns geführten Telefoninterviews, das E-Mail-Interview sowie weitere Informationen, welche bereits bei den Rückmeldungen zur Erstumfrage gegeben wurden.[35] Manche Einrichtungen konnten uns von mehreren Fällen berichten. Daher standen uns für die Auswertung 30 Einzelfälle zur Verfügung. Zur Veranschaulichung dient folgende Abbildung, welche die Anzahl der Fälle extrem rechter Frauen in frauenspezifischen Zufluchtsstätten geordnet nach Bundesländern aufzeigt.

---

[35] Diese sechs Frauenhäuser meldeten uns zurück, dass sie nicht für ein Interview zur Verfügung ständen. In allen sechs Fällen können wenige Informationen aus dem E-Mailkontakt in die Auswertung einfließen.

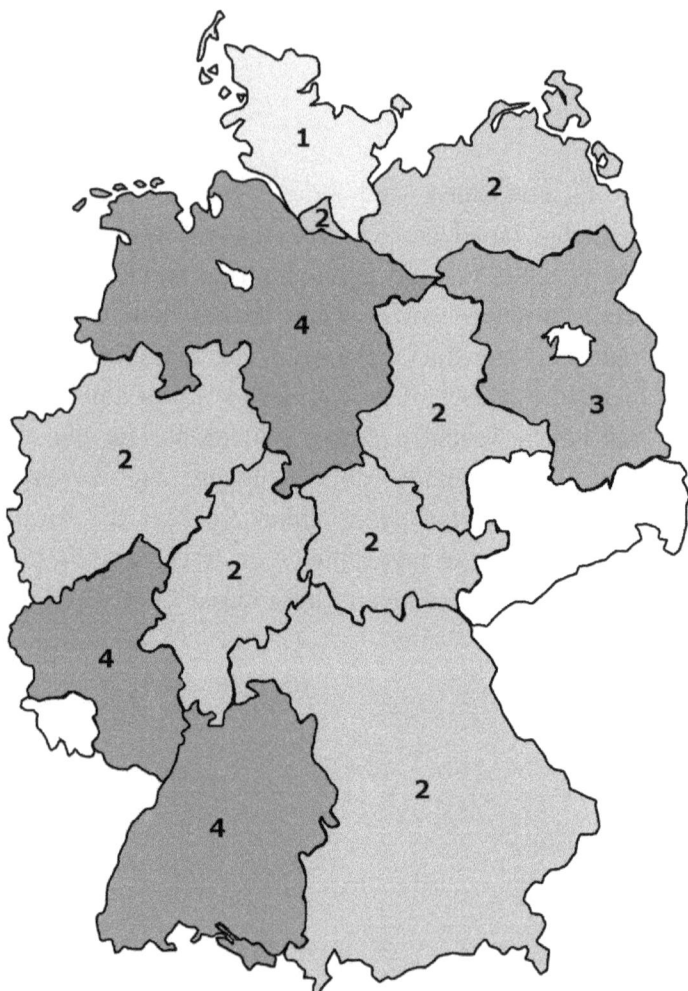

Abbildung 2: Anzahl der Fälle extrem rechter Frauen in frauenspezifischen Zufluchtsstätten nach Bundesländern.

Im Vergleich zu Abbildung 1 wird deutlich, dass die Anzahl der Fälle je Bundesland eine höhere ist, als die Anzahl der frauenspezifischen Zufluchtsstätten, welche uns Erfahrung rückmeldeten. Nur in vier Bundesländern (Bayern, Hessen, Schleswig-Holstein und Thüringen) stimmt die Anzahl der Einrichtungen mit der Anzahl der Fälle überein. Die Bundesländer Berlin, Bremen, Saarland und Sachsen finden hierbei jedoch keine Berücksichtigung, da keine der dort ansässigen Einrichtungen Erfahrung rückmeldete (vgl. Abbildung 2).

Somit kommt es relativ häufig vor, dass in einer Zufluchtsstätte mehr als eine extrem rechte Frau um Aufnahme bat. Konkret konnten acht Einrichtungen von zwei oder mehr Fällen berichten, dies entspricht 40%.

2.1. Erkenntnisgrad der Einrichtungen über den rechten Hintergrund der Frauen

Da wir sowohl in der Erstanfrage als auch in den daran anschließenden Expertinneninterviews vollständig auf Hinweise zur Begriffserklärung verzichteten, erschien es uns notwendig die jeweiligen Einrichtungen nach deren Erkenntnisgrundlage des Rechtsextremismus der Frauen zu fragen. Durch die Frage: *„Wie ist Ihnen aufgefallen, dass ein extrem rechter Hintergrund besteht?"* erhofften wir diesbezüglich genauere Informationen zu erhalten.

Bei 27 von insgesamt 30 Fällen konnte auf diese Weise herausgearbeitet werden, auf welche Grundlage sich die Erkenntnis über den rechten Hintergrund stützt. Uns war es daraufhin möglich, vier unterschiedliche Kategorien zu bilden.

Acht der Frauen wurden von den Mitarbeiterinnen der frauenspezifischen Zufluchtsstätten deshalb mit der Fragestellung unsere Studie in Verbindung gebracht, weil sie einen Bezug zur rechten Szene, durch eine Beziehung mit einem als rechtsextrem geltenden Mann, hatten. Diese Frauen verhielten sich allesamt in den Schutzeinrichtungen unauffällig, sodass nicht aufgrund von Verhalten oder Aussehen auf eine Zugehörigkeit zum rechtsextremen Milieu geschlossen werden konnte. Die einzige Verbindung stellte hierbei immer der Partner dar.

Unterschiede gab es hinsichtlich der Einschätzung, ob die Partnerin eines rechtsextremen Mannes selbst dieser Szene zugeordnet werden könne oder nicht. So wurde von einigen Mitarbeiterinnen die Meinung vertreten, *„dass ne Frau, die mit nem Hooligan zusammen ist, der von der Polizei in der rechten*

Szene gesucht wird, [...] oder gegen den ermittelt wird [...]
natürlich auch mit rechten Geschichten in Berührung kommt
und ihr das nicht so ganz fremd ist" (Transkript 10, S. 3).

Andere sahen keinen direkten Zusammenhang zwischen
dem Rechtsextremismus des Partners und der Einstellung der
Frau (vgl. Transkript 4, S. 1f). In einem Fall wurde das auch
von der Betroffenen selbst bestätigt. Diese wurde direkt auf das
Thema angesprochen *„und da hat sie verneint, sie wäre da*
nicht aktiv, und [...] es wäre ihr Freund. Sie selber sieht sich da
nicht" (Transkript 12, S. 3).

Eine abschließende Beurteilung, ob die Frauen dieser Kategorie eine rechte Ideologie vertreten oder nicht, kann an dieser
Stelle nicht erfolgen. Unsere Aussagen beziehen sich vollständig auf die Einschätzungen der Mitarbeiterinnen, welche wiederum lediglich Vermutungen äußerten. In einigen Fällen wurde
der Rechtsextremismus nie zum Thema gemacht, was eine klare
Einschätzung zusätzlich erschwert (vgl. Transkript 1, S. 3). Aus
diesem Grund kann nicht jeder Fall einer Kategorie klar zugeordnet werden, sondern es existieren immer auch Grenzfälle,
die Merkmale zweier Gruppen in sich vereinen. Als Beispiele
hierfür können zwei Fälle gelten, die von den Mitarbeiterinnen
selbst als nicht rechts eingeschätzt wurden. Es hieß, dass die
Frau *„eigentlich gar keine rechtsextreme [...] Gesinnung [hat-*
te], sondern die war wirklich so dieser Mitläufertyp [...] [und]
wusste [...] eigentlich nicht so richtig worüber sie sprach"
(Transkript 11, S. 3). Selbiges im zweiten Fall, in welchem die
Frau als *„mitlaufend, [...] und Parolen übernehmend"*
(Transkript 12, S. 2) beschrieben wurde. Eine Einordnung die-

ser beiden Fälle in die folgende Kategorie wäre unserer Meinung nach auch denkbar.

In diese werden sämtliche Frauen (insgesamt acht Fälle) eingeordnet, bei welchen die Mitarbeiterinnen der frauenspezifischen Zufluchtsstätten eine klare Vermutung bezüglich eines rechtsextremen Hintergrunds hatten, dieser jedoch nicht durch die Frau selbst bestätigt wurde. Als Anzeichen konnten uns Aussehen, Verhalten und einschlägige Besitztümer wie Schmuck und Bücher genannt werden. Auch an dieser Stelle kann keine klare Aussage bezüglich des ideologischen Hintergrundes der Frauen gemacht werden. Einzige Grundlage bildet nach wie vor die Einschätzungen der Schutzeinrichtungen zum Thema. So dienten einschlägige Literatur (Transkript 13, S. 7f), ein auffälliges Tattoo (Transkript 14, S. 2), oder szenetypische Kleidung als Anzeichen für eine rechte Gesinnung. Eine Mitarbeiterin teilte uns beispielsweise mit, dass eine Frau durch ihr Aussehen aufgefallen sei, da sie „wirklich bis zur Unterhose der Kinder [...] alles durch mit diesen ganzen keltischen Gottheiten und diesen Runenschriften [...] alles was man so käuflich erwerben kann" (Transkript 9, S. 2), hatte. Diesen Fällen ist gemeinsam, dass es neben den oben stehenden Anzeichen keine weiteren Auffälligkeiten im Verhalten der Frauen gab, welche eine deutlichere Zuordnung erlauben würde.

In anderen Fällen sprach das Verhalten der Frauen für einen möglichen rechten Hintergrund. So wurde uns von Beschimpfungen und Konflikten (Transkript 8, S. 2), oder von „rassistischen Sprüchen und [...] feindlichen Verhalten gegenüber Migrantinnen [...] sowie [von] rechts nationale[n] Parolen" (E-Mail-Antwort 4) berichtet. In einigen Fällen sprach sowohl das Aussehen, als auch das Verhalten für eine solche Einschätzung.

So berichtete eine Interviewpartnerin, dass eine Frau „*sofort zuerst schon durch [...] die Kleidung [...] und Frisur [...] [auffiel,] man konnte sie irgendwie schon so ner rechten Schiene zuordnen von der Optik"* (Transkript 11, S. 3). Während des Aufenthalts „*wurd des recht schnell klar, weil sie sich immer wieder negativ äußerte über Frauen anderer Nationalitäten hier und [...] dann sagt se, mit denen möchte sie nicht an einem Tisch sitzen und das Essen von denen war dann widerlich [...]und irgendwie war alles eklig und widerlich und [...] sie war sich halt auch einfach zu fein für alles was mit den andern Damen dann zu tun hatte"* (ebd., S. 3f).

Bei einigen Frauen sprechen somit deutliche Anzeichen für eine rechtsextreme Gesinnung. Diese Vermutungen wurden jedoch bei den oben stehenden Fällen nie durch die Frauen selbst bestätigt, was sie von der folgenden Kategorie unterscheidet.

Bei den folgenden sieben Fällen waren die Mitarbeiterinnen der Einrichtungen nicht mehr auf bloße Vermutungen bezüglich der Ideologie ihrer Klientinnen angewiesen, da diese sich selbst ganz klar rechts positionierten. Dabei erzählten manche der Frauen von sich aus von ihrer Ideologie, andere wurden direkt darauf angesprochen oder es wurde bereits im Vorfeld von einer externen Institution (z. B. Polizei, Entzugseinrichtung) mitgeteilt (vgl. Transkript 2, S. 3). An dieser Stelle muss jedoch darauf hingewiesen werden, dass die Verortung der Frauen keine Schlussfolgerungen auf deren Verhalten in den Einrichtungen zulässt. So verhielten sich diese Frauen in den jeweiligen Zufluchtsstätten nicht zwangsläufig auffällig. Als Beispiel hierfür kann die Aussage einer Interviewpartnerin gelten, nach welcher der rechte Hintergrund der Bewohnerin „*nur weil sies [selbst] erzählt hat [...] anders überhaupt nicht"* (Transkript 6, S. 3), aufgedeckt wurde. In einigen Fällen gab es im Vorfeld Anzeichen, welche eine Vermutung bezüglich der vertretenen Ideologie zuließen, was anschließend in persönlichen Gesprächen thematisiert wurde. So berichtete eine Mitarbeiterin, dass sie die Frau *„anhand von [...] einigen Äußerungen und von optischen Merkmalen [...] sehr klar darauf angesprochen"* hatten (Transkript 5, S. 2). Der Verdacht wurde daraufhin von der Frau bestätigt.

Die verbleibenden vier Fälle werden von uns der Vollständigkeit halber in eine weitere Kategorie eingeordnet, obwohl sich diese stark von den drei vorhergehenden unterscheidet. So konnte bei diesen Frauen während des Aufenthaltes keinerlei Verbindung zur rechten Szene hergestellt werden. Sie zeigten weder im Aussehen, oder Auftreten Auffälligkeiten, noch positionierten sie sich selbst. Erst nach dem Auszug der jeweiligen Frauen erfuhren die frauenspezifischen Zufluchtsstätten eher durch Zufall von der Verbindung der ehemaligen Bewohnerinnen zur rechten Szene. So entdeckte beispielsweise eine Mitarbeiterin den Namen einer ehemaligen Bewohnerin auf der NPD-Wahlliste (Transkript 7, S. 3).

Die Forschung bezieht sich vollständig auf die Einschätzung der Mitarbeiterinnen frauenspezifischer Zufluchtsstätten, weshalb die von ihnen vorgeschlagenen Fälle komplett in die folgende Auswertung einfließen. Wir sind uns jedoch darüber bewusst, dass bei einigen Fällen weitere Nachforschungen von Nöten wären, um die zugrundeliegende Ideologie vollständig herausarbeiten zu können. Es widerspricht jedoch der objektiven Gestaltung einer Arbeit, wenn die Verfasserinnen Modifikationen vornehmen, weshalb die Einschätzungen der Einrich-

tungen bezüglich des rechtsextremen Hintergrunds ihrer Bewohnerinnen die Ausgangslage darstellen.

2.2. Hintergründe der Frauen

Der folgende Punkt beschäftigt sich mit den Hintergründen
der Frauen. Es soll auf Gemeinsamkeiten sowie Unterschiede in
den soziostrukturellen Merkmalen und der Herkunft der Frauen
eingegangen werden. Als besonders interessant erwies sich in
diesem Zusammenhang der ursprüngliche Herkunftsort der
Frauen. In vielen Fällen waren diese personenbezogenen Daten
nicht mehr bekannt, oder wurden nie abgefragt, weshalb wir die
folgenden Angaben lediglich auf die uns zugänglichen Daten
beziehen.

Soziostrukturelle Merkmale der extrem rechten Frauen

In Bezug auf das Alter der Betroffenen lässt sich feststellen,
dass es sich überwiegend um junge Frauen handelt. Lediglich
eine Frau war 47 Jahre alt, alle weiteren jünger als 35 Jahre. Als
besonders auffällig zeigte sich die Gruppe der Frauen unter 25,
welcher acht Frauen zugerechnet werden können.

Viele Interviewspartnerinnen konnten uns keine genauen
Auskünfte mehr in Bezug auf die Schulbildung ihrer Klientinnen geben, weshalb sich die folgenden Informationen auf lediglich 13 Fälle beziehen. Diese wiesen allesamt ein niedriges Bil-

dungsniveau auf. Die meisten Frauen hatten die Hauptschule
besucht.

Informationen zu Ausbildung und Berufsstätigkeit der
Frauen sind in so geringem Maße vorhanden (lediglich in sieben Fällen), dass keinerlei verallgemeinerbare Schlüsse daraus
gezogen werden können.

Als Aufnahmegrund wurde überwiegend häusliche Gewalt
angegeben. Diese wurde in 18 Fällen vom Partner ausgeübt.
Gewalterfahrungen im Freundeskreis oder in der Familie wurden jeweils einmal genannt. Bei fünf Frauen wurde neben der
erlebten häuslichen Gewalt eine drohende Gefahr durch die
rechte Szene als Aufnahmegrund genannt (vgl. Transkript 1, S.
1). Bei fünf Frauen spielte deren Drogen- oder Alkoholabhän-
gigkeit eine Rolle (vgl. Transkript 10, S. 3 und 14).

Herkunft der extrem rechten Frauen

Bei der Auswertung unserer qualitativen Untersuchung
stellte sich die Angabe zum letzten Wohnort der Frauen vor
ihrem Aufenthalt in der Einrichtung als besonders erwähnenswert heraus. Es zeigte sich, dass viele Frauen über Bundeslandgrenzen hinweg Schutz suchten. Somit weichen die Fallzahlen
nach Bundesländern zum Teil deutlich von der Abbildung 2 ab.
Unter diesem Aspekt konnten 20 der 30 Fälle ausgewertet werden[36], da die Interviewpartnerinnen in vielen Fällen keine Informationen zum Thema hatten.

---

[36] Die Mitarbeiterinnen dreier Schutzeinrichtungen wussten zwar den
genauen Herkunftsort der Klientinnen nicht mehr, konnten die Auswahl jedoch einschränken. So wurde einmal berichtet, die Frau stam-

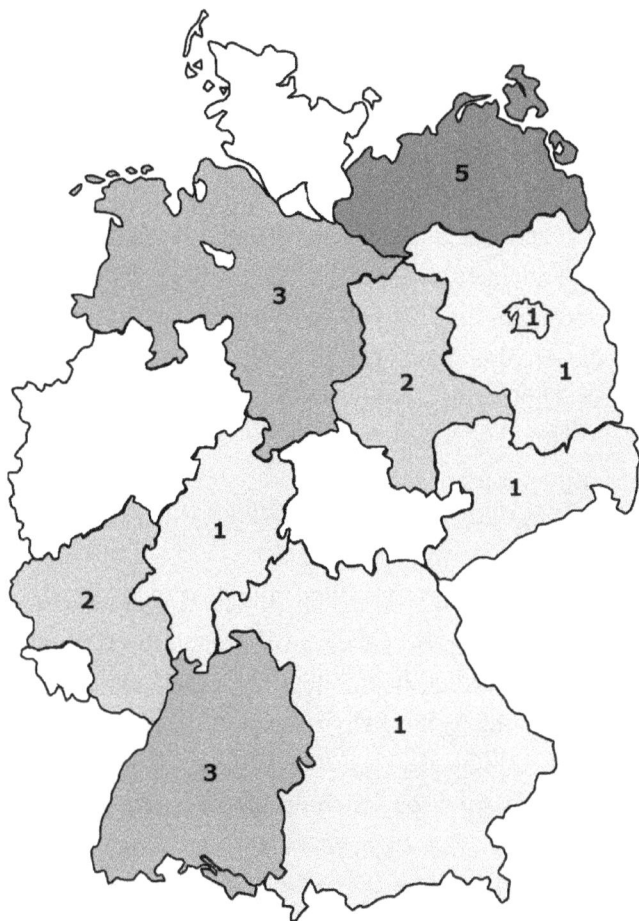

Abbildung 3: Letzter Wohnort der Frauen vor Einzug in die frauenspezifische Zufluchtsstätte nach Bundesländern.

___

me aus den neuen Bundesländern, wohingegen in zwei Fällen die
alten Bundesländer als Herkunftsort genannt wurden. So können insgesamt 11 Fälle den neuen Bundesländern zugerechnet werden und 12
den alten.

Am deutlichsten fällt die vergleichsweise hohe Anzahl an Fällen aus Mecklenburg-Vorpommern auf. Neben den beiden Frauen, welche innerhalb ihres Bundeslandes Schutz suchten, existieren drei weitere Fälle, welche in Einrichtungen anderer Bundesländer flohen.

Sowohl das Saarland als auch Bremen konnten weder über einen Fall in frauenspezifischen Zufluchtsstätten berichten, noch gab eine Frau ihren vorherigen Wohnort in einem dieser Länder an. In Hamburg, Nordrhein-Westfalen, Thüringen (jeweils zwei zusätzliche Fälle) und Schleswig-Holstein (ein zusätzlicher Fall) wurden nur Frauen aufgenommen, deren Herkunftsort nicht im selbigen Bundesland lag. Auch in keiner anderen Einrichtung tauchten Frauen aus diesen auf.

Gegenteiliges lässt sich in den Bundesländern Sachsen und Berlin feststellen. So gaben zwei Frauen ihren ehemaligen Wohnort in diesen an, die Einrichtungen vor Ort hatten jedoch noch keine Erfahrungen mit extrem rechten Frauen.

Zusammenfassend lässt sich an dieser Stelle also eine hohe Mobilität der Frauen beobachten. Auf dieses Phänomen wird im Abschnitt IV 2.5. näher eingegangen.

2.3. Typologie

Im Folgenden wird eine Typisierung der bestätigten Fälle stattfinden. Diese soll nicht als Verallgemeinerung verstanden werden, sondern Ähnlichkeiten zwischen den Frauen aufzeigen, was eine Möglichkeit der Strukturierung darstellt. Wir sind uns dabei bewusst, dass es sich grundsätzlich um eine eher kleine Fallbasis (n = 30) handelt. Da unsere Daten jedoch aus einer Vollerhebung stammen, muss theoretisch von der Vollständigkeit der Ergebnisse ausgegangen werden. Als Unterscheidungsgrundlage zwischen den Typen wählten wir das aktive Verhalten der Frauen in der jeweiligen Schutzeinrichtung. Dabei definieren wir Verhalten als die Gesamtheit aller von außen wahrnehmbaren Äußerungen der Frauen.

Es muss darauf hingewiesen werden, dass deren Verhalten von vielen Variablen abhängig ist. So könnte beispielsweise eine kurze Aufenthaltsdauer von ein bis zwei Tagen in der Schutzeinrichtung dazu führen, dass eine Frau entgegen ihres sonstigen Benehmens kein rechtsextremes Verhalten zeigte, da für solche Äußerungen schlicht und ergreifend keine Zeit blieb. Als weiteres Beispiel kann ein Zusammenhang zwischen der Bewohnerinnenstruktur der Zufluchtsstätte zum Zeitpunkt des Aufenthalts der rechtsextremen Frau eine Rolle spielen. So wäre es denkbar, dass diese sich nicht rassistisch äußert, wenn keine Frau mit Migrationshintergrund mit ihr zusammen in der Einrichtung lebt.

Die nachfolgende Typologie unterscheidet sich von den Kriterien im Kapitel 2.1 (Erkenntnisgrad der Einrichtungen über den rechten Hintergrund der Frauen). Die folgende Einteilung basiert nicht mehr auf der Einschätzung der Mitarbeiterinnen der frauenspezifischen Zufluchtsstätten, sondern sie wurde von uns vorgenommen. Wir nutzen zum Teil exemplarische Fälle zur Verdeutlichung der Charakteristika eines Typs, wobei wir Unterschiede und Gemeinsamkeiten zu den weiteren Fällen deutlich machen. Es wurden vier unterschiedliche Typen herausgearbeitet, welche im Folgenden ausführlich vorgestellt werden.

Die Partnerin

Frauen, die wir diesem Typ zuordnen konnten, führen oder führten eine Beziehung mit einem rechtsextremen Partner, welcher meist stark in der Szene engagiert ist und dort über gute Beziehungen verfügt. Dabei stellt dieser Mann den einzigen Bezugspunkt zum rechten Milieu dar. Die Frau selbst kann von sich aus in keiner Weise mit solchem Gedankengut in Verbindung gebracht werden, da sie im Frauenhaus weder durch ihr Aussehen, noch ihr Verhalten, oder typische Besitztümer auffällt. Dieser Kategorie konnten sechs Frauen zugeordnet werden. Hiervon wird ein Fall exemplarisch vorgestellt, um an diesem die Besonderheiten des Typs herauszuarbeiten.

Die Anfang 20-Jährige floh aus Mecklenburg-Vorpommern in ein Frauenhaus nach Schleswig-Holstein. Grund für die Aufnahme war *„massive häusliche Gewalt* *vom Partner, mit Polizeieinsatz und allem Drum und Dran"* (Transkript 12, S. 2). Nach einem zweimonatigen Aufenthalt konnte sie in eine eigene Wohnung ziehen, in die ihr Partner kurze Zeit später nachfolgte. Nach erneuten gewalttätigen Zwischenfällen suchte sie wiederholt Schutz in selbigem Frauenhaus. Aufgrund einer Schwangerschaft verließ sie dieses jedoch nach drei Monaten wieder, um mit dem Partner, der Vater ihres ungeborenen Kindes ist, erneut zusammenzuleben.

Die Frau erzählte während ihres Aufenthaltes in der Einrichtung von der rechtsextremen Gesinnung ihres Partners. Dessen Einbindung in die Szene wird als *„massiv"* (Transkript 12, S. 2) beschrieben. Ähnliche Einschätzungen bezüglich der Involviertheit der Partner wurden von den Mitarbeiterinnen anderer Zufluchtsstätten geäußert. So schilderten diese ebenfalls eine starke Einbindung (Transkript 4, S. 2) und hohen Organisationsgrad (Transkript 5, S. 7) der Männer. In einem Fall handelte es sich beispielsweise um einen *„regional bekannten Neo-Nazi"* (E-Mail-Interview).

Beim Beispielsfall lernten sich die Beiden bereits als Jugendliche kennen, wobei er *„dann nachher abgerutscht [ist], aber sie selber nicht"* (Transkript 12, S. 4). So berichtete die Frau, dass sie *„da nicht aktiv [wäre], es wäre ihr Freund. Sie selber sieht sich da nicht"* (ebd., S. 3). Eine solch klare Positionierung fand bei den weiteren Fällen dieses Typs nicht statt. Häufig wurde eine mögliche rechtsextreme Gesinnung der Frau selbst nicht thematisiert, da die Frauenhäuser keinen Anlass dafür sahen (vgl. Transkript 10, S. 14; Transkript 1, S. 3), weshalb wir keine abschließende Aussage über die ideologische Verwurzelung dieser Frauen treffen können. Die Mitarbeiterinnen der Einrichtungen schätzen die Frauen jedoch häufig als „*einfach völlig unpolitisch*" (Transkript 10, S. 15) ein. Die Frauen des Typs „Die Partnerin" zeigen keinerlei rechtsextreme Verhaltensweisen. So fielen beispielsweise in keinem der Fälle einschlägige Aussagen, das Aussehen der Frauen war unauffällig (Transkript 1, S. 4 und 6) und es gab keine Probleme mit Bewohnerinnen mit Migrationshintergrund (Transkript 10, S. 14). Selbiges gilt natürlich für unseren Beispielfall. Auch hier wird die Frau als freundlich gegenüber anderen Bewohnerinnen beschrieben. „*Es kam zu keinerlei Vorfällen, im Gegenteil, da sie sich [im Frauenhaus] gerade auch mit den ausländischen Frauen sehr gut verstanden hat*" *(Transkript 12, S. 3). In Bezug auf politische Themen war sie sehr offen und interessiert. Dabei zeigte sie große Bereitschaft „die andere Seite anzuhören*" (ebd., S. 3).

An dieser Stelle muss darauf hingewiesen werden, dass diese Frauen zwar ein unauffälliges Verhalten in Bezug auf eine rechte Ideologie zeigen, es jedoch trotzdem zu Konflikten kommen kann. Als Beispiel hierfür kann eine Frau gelten, die alkoholabhängig war, was den Aufenthalt stark prägte (Transkript 10, S. 13f).

In unserem exemplarischen Fall beschrieb die Interviewpartnerin den Aufenthalt für die Frau als „*Erwachen*" (Transkript 12, S. 3). Insbesondere der Kontakt mit Frauen anderer Nationalitäten war dafür ausschlaggebend. Dies war für die Mitarbeiterin der Schutzeinrichtung „*ein Zeichen, dass sie da [in der rechten Szene] nicht authentisch*

drin steckt, sondern wirklich an den Mann gebunden war,
und nicht an die Thematik" (ebd., S. 3). Obwohl diese
Aussage nur in einem Interview fiel, stellt sie für uns eine
gute Zusammenfassung für diesen Typ dar. Vermutlich
ließe sie sich genauso auf sämtliche anderen Frauen beziehen.

Die Zurückhaltende

Die Frauen dieses Typs zeigen im Frauenhaus keinerlei rechte Verhaltensweisen wie beispielsweise rassistische
oder diskriminierende Äußerungen. Dabei stellt jedoch
nicht, wie beim oben stehenden Typ, der Partner die Verbindung zur rechten Szene dar, sondern die Frau selbst
kann aufgrund unterschiedlicher Merkmale dieser Ideologie zugeordnet werden. Das bedeutet, dass diese Frauen
zwar aktiv der extremen Rechten angehören, jedoch das
Verhalten in den frauenspezifischen Zufluchtsstätten
durch Zurückhaltung gekennzeichnet ist, sodass in einigen
Fällen der Hintergrund der Frauen erst nach Beendigung
des Aufenthalts aufgedeckt werden konnte.

Insgesamt konnten sieben Frauen diesem Typ zugeordnet werden, wobei Parallelen zwischen einzelnen Fällen herausgearbeitet werden konnten. Im Folgenden werden deshalb die jeweils vergleichbaren Fälle miteinander
vorgestellt. Auch hier wird zu Beginn ein exemplarischer
Fall vorgestellt.

Zum Zeitpunkt des Interviews lebte die betreffende
Frau mit ihrer achtjährigen Tochter in einem Frauenhaus

in Brandenburg. Ihren vorherigen Wohnsitz hatte sie in Baden-Württemberg. Von dort floh sie jedoch aufgrund von häuslicher Gewalt in die Schutzeinrichtung. Auffälligkeiten im Aussehen wie beispielsweise *„Kleidung mit [...] diversen Aufschriften [und] Thors Hammer als Schmuckstück"* (Transkript 3, S. 1) ließen den Verdacht eines rechten Hintergrundes bei den Mitarbeiterinnen aufkommen, was sich in anschließenden Gesprächen mit der Frau bestätigte. So wurde klar, dass diese *„in der Region [Baden-Württemberg] im Untergrund tätig"* (ebd., S. 3) war und dort Organisationen angehörte, die überregionale Demonstrationen, Veranstaltungen und Konzerte leiteten. Außerdem musste sie wegen der Durchführung *„verfassungswidrige[r] Dinge"* (ebd., S. 4) eine eineinhalb- bis zweijährige Haftstrafe verbüßen. Bei weiteren intensiven Gesprächen zum Thema konnte herausgearbeitet werden, *„dass sie [...] schon immer diese Ideologie vertreten hat, die ursprünglich von ihrem Großvater stammt"* (ebd., S. 3). Sie bestätigte, dass diese Einstellung immer ein Teil ihres Lebens bleiben würde, da sie so erzogen wurde. Aufgrund dieser Informationen wird der extrem rechte Hintergrund dieser Frau sehr deutlich.

In der Schutzeinrichtung verhielt sich die Frau jedoch bis zum Zeitpunkt des Interviews vollkommen unauffällig. So kam es zu keinerlei Auseinandersetzungen oder einschlägigen Äußerungen. Die Frau selbst berichtete in diesem Zusammenhang, dass sie *„jetzt zwar nicht mehr so hitzköpfig [sei], dass sie auf die Straße gehen muss und [...] ausländische Mitbewohner zusammentritt, aber [...] das tut sie momentan nur ihrem Kind zuliebe, weil des* *sonst natürlich [...] in Obhut genommen werden würde und [...] sie weiß, dass sie an der Stelle in bestimmten Situationen anders reagieren würde, aber dem Kind zuliebe, würde sie des grade derzeit nicht so exzessiv ausleben"* (ebd., S. 5).

Diese Zurückhaltung im Frauenhaus kann jedoch nicht als Indiz für eine Distanzierung von der rechten Szene betrachtet werden. So vermutet die Interviewpartnerin, dass die Frau das Frauenhaus als *„Sprungbrett [nutzt und] dann hier regional agieren wird"* (ebd., S. 4). Dafür spricht auch die Tatsache, dass die Frau in der Stadt der Schutzeinrichtung einen neuen Partner gefunden hat, welcher nach ihrer Aussage stark in der rechten Szene involviert ist und als Leiter einer einschlägigen Organisation einiges bewegen könne (ebd., S. 4).

Dieser Fall verdeutlicht die Merkmale des Typs „Die Zurückhaltende" unserer Meinung nach sehr gut. Es finden sich in der Argumentation der Frau selbst sogar Hinweise, aus welchem Grund sich diese in Bezug auf ihre Einstellung im Moment zurückhaltend verhält. Das ist in Bezug auf die anderen Fälle dieses Typs nicht so deutlich.

Bei drei Frauen konnte eine Verbindung zur extremen Rechten ausschließlich aufgrund von Besitztümern, Kleidung und Aussehen hergestellt werden. So berichtete eine Interviewpartnerin von einer jungen Frau, die durch den Besitz von Büchern mit *„extrem menschenfeindlichen Positionen neonazistischer Art"* (Transkript 13, S. 2) auffiel. Die Frau wurde aufgrund von sexuellem Missbrauch in der Herkunftsfamilie schwer traumatisiert von der Polizei ins Frauenhaus gebracht. Vor dem Fund der Literatur gab es keinerlei Grund zur Annahme, dass eine rechte Gesinnung vorliegen könnte. *„Der Leidensdruck [...] erschien ganz hoch bei ihr durch die sexualisierte Gewalt von den Eltern [...] und sie hatte auch nur ne kleine Tasche dabei. Sie hat also nur [...] n paar Klamotten mit und diese drei Bücher aber trotzdem. Des war so absurd, weil eigentlich wirkte sie so, als hätte sie gerade ganz andere Probleme, als irgendwelche Bücher zu lesen"* (ebd., S. 10).

Von einem sehr ähnlichen Fall berichtete die Mitarbeiterin eines anderen Frauenhauses. Hier fungierte ein einschlägiges Tattoo als Identifikationsmerkmal. Dieses zeigte einen Kampfhund und den Spruch *„Folge dem Führer"*. Die Interviewpartnerin ging davon aus, dass die Frau *„die Tragweite dessen, was da bei ihr tätowiert ist, nicht wirklich realisieren"* (Transkript 14, S. 5) konnte. Eine Positionierung der Frau diesbezüglich blieb aus. Grundsätzlich war sie jedoch im Umgang mit anderen Bewohnerinnen und den Mitarbeiterinnen sehr nett und unauffällig, wobei sie jedoch große Schwierigkeiten hatte, sich auf Regeln einzulassen und jemandem Rechenschaft ablegen zu müssen. Die Interviewpartnerin beschreibt sie als *„rechte[n] Punk"* (ebd., S. 2).

Beim dritten Fall gaben die szenetypischen Kleidungs- und Schmuckstücke der Frau und ihrer Kinder den Anlass zur Vermutung. Trotz dieser eindeutigen Anzeichen blieb die Frau bezüglich ihrer Ideologie in der Schutzeinrichtung sehr zurückhaltend (vgl. Transkript 9).

Bei den nachfolgenden Fällen fehlte solch ein klares Identifikationsmerkmal, sodass ein Bezug zur rechten Szene erst nach Beendigung des Aufenthalts zufällig erkannt wurde. Diese Frauen verhielten sich in den Schutzeinrichtungen so zurückhaltend und unauffällig, dass noch nicht einmal die Idee aufkam, es könne sich um eine rechte Frau handeln.

Als besonders markantes Beispiel hierfür kann ein Fall aus Mecklenburg-Vorpommern gelten. Hier handelte es sich um eine Frau Anfang 30, die bereits einen oder mehrere Frauenhausaufenthalte in anderen Einrichtungen hinter sich hatte. Sie *„war ne ganz sympathische Frau und erst nachm Auszug [...] wurde offensichtlich dann, über andere Frauenhäuser, dass sie tatsächlich ne organisierte Nazi-Frau war. Da ham wirs gar nicht mitgekriegt"* (Transkript 13, S. 2). Im Nachhinein wurde festgestellt, dass die Frau aus der vorherigen Schutzeinrichtung auszog, weil sie *„verbal gewalttätig [wurde] und rassistische Äußerungen gemacht hat"* (ebd., S. 2). In diesem Zusammenhang wirkt es sehr erstaunlich, dass sie sich in dieser Zufluchtsstätte vollständig zurückhaltend verhielt. Der Mitarbeiterin blieb besonders das vermeintlich große Interesse der Frau an der Kommunalpolitik in Erinnerung, wobei sie sich *„als liberal politisch Interessierte"* (ebd., S. 5) gab. Vor allem die Eröffnung eines Naziladens in der Stadt beschäftigte sie. So argumentierte sie in Gesprächen des Öfteren *„wie schrecklich das denn wär, dass hier n Naziladen gewesen wäre [, wobei unsere Interviewpartnerin im Nachhinein dachte:] Wie krass. Da hat sie mich jetzt ausgefragt!"* (ebd., S. 5). Die Mitarbeiterin schloss daraus, dass die Frau nicht, wie während ihres Aufenthalts angenommen, an der Kommunalpolitik interessiert war, sondern auf diesem Weg versuchte herauszufinden, wie in der Stadt auf ein einschlägiges Geschäft reagiert wird.

Als besonders auffällig kann die Tatsache gelten, dass in keinem der sieben Fälle ein rechtsextremer Partner die Vermutungsgrundlage über eine Verbindung zur rechten Szene von den Mitarbeiterinnen der Schutzeinrichtungen angegeben wurde. Der Typ „Die Partnerin" zeichnete sich gerade durch diese Verbindung aus und so könnte die Annahme naheliegen, dies sei auch bei den anderen Typen ein wichtiger Faktor. Es zeigte sich jedoch, dass die frauenspezifischen Zufluchtsstätten bei diesem Typ meist wenige bis gar keine Informationen zum Partner abgefragt hatten und somit auch nichts über dessen Einstellung wussten. Außerdem stellte häusliche Gewalt durch den Partner in zwei Fällen nicht den Aufnahmegrund dar.

Die Auffällige

Die Frauen, die diesem Typ zugeordnet werden konnten, zeigen in den jeweiligen Schutzeinrichtungen auffälliges rechtsextremes Verhalten. Als Beispiele hierfür können einschlägige Äußerungen oder Abwertung von Bewohnerinnen mit Migrationshintergrund gelten. Diesem Typ gehören acht der 30 Frauen an.

Der Fall einer Anfang 30-jährigen Frau kann als Überleitung von der vorhergehenden zu dieser Kategorie genutzt werden. Diese verhielt sich die ersten Wochen sehr zurückhaltend bezüglicher ihrer Einstellung, dann kam es jedoch zu einer radikalen Verhaltensänderung. Vor dem Frauenhausaufenthalt lebte die Frau mit ihrem Säugling in einer Einrichtung für Mütter mit Alkoholproblem. Der rechtsextreme Vater des Kindes durfte das Mädchen lediglich während der Besuchszeiten sehen, unter der Voraussetzung selbst nicht alkoholisiert zu sein. Aufgrund dieser Einschränkungen kam es häufig zu Zwischenfällen, bei welchen der Mann randalierte, Scheiben einschlug und Mitarbeiterinnen der Einrichtung, sowie die Mutter selbst, bedrohte. Dieses Verhalten führte zur Notwendigkeit eines Umzugs von Frau und Kind in ein bayerisches Frauenhaus. Im Vorfeld wurde ein Kontakt zwischen diesen beiden Wohneinrichtungen hergestellt. Im Zuge dessen konnten auch Informationen bezüglich der rechten Gesinnung der Frau selbst und deren ehemaliger Alkoholproblematik vermittelt werden. Es wurde jedoch versichert, die Frau würde nicht mehr trinken. Die Frau selbst erklärte jedoch, dass sie *„überhaupt nicht mehr so verankert [ist] und wenn, dann ist ihr Schwerpunkt [...] bei Fußballspielen"* (Transkript 2, S. 3). Früher sei sie in den Hooligan-Reihen aktiv gewesen. Des Weiteren kenne sie *„die alle von der NSU"* (ebd., S. 5) und lobte den familiären Zusammenhalt der Szene. Die Interviewpartnerin berichtete über fehlendes Problembewusstsein der Frau, da diese es als selbstverständlich betrachtete *„Samstagmorgen im [Zug zu sitzen] und scho a Bier [zu trinken] und zum Fußballspiel [zu fahren]. Sie hat leider überhaupt net verstanden, dass der Rest der Gesellschaft garnet so tickt wie sie"* (ebd., S. 8). Des Weiteren betrachtete die Frau es als völlig normal, sich „*irgendwelche Runen tätowieren*" (ebd., S. 8) zu lassen. Das gesamte Aussehen der Frau wird als extrem szenetypisch beschrieben. Obwohl diese Merkmale auf eine starke Verbundenheit zur rechten Szene hindeuten, verhielt sich die Frau zu Beginn des Aufenthaltes ruhig und zeigt sich „*sehr kooperativ a den andern Frauen gegenüber*" (ebd., S. 4). Die Mitarbeiterin äußerte in Bezug darauf die Vermutung, dass die Zurückhaltung auf dem Wissen beruhte, bei einer Eskalation das Haus verlassen zu müssen.

Dieses eher unauffällige Verhalten änderte sich drastisch mit dem Beginn der Fußballsaison, „*da is sie dann schon einmal bissi mitmarschiert an nem Kinderwagen*" (ebd., S. 4). Als einschneidendes Ereignis kann in diesem Zusammenhang der Tag eines Fußballspieles gelten, an welchem sie das zu diesem Zeitpunkt zweimonatige Kind einer Freundin anvertraute und über zwölf Stunden verschwand. Die vollkommen überforderte Freundin übergab das Baby in der Nacht der Polizei, woraufhin dieses in Obhut genommen wurde. Die Frau kam stark alkoholisiert im Frauenhaus an und „*hats dann gar nimmer auf die Reihe gekriegt. Also die hat dann [...] des trinken wieder angefangt, hat wieder massiv nach der Szene gesucht*" (ebd., S. 5). In dieser Zeit erhielt sie einige Anzeigen wegen Körperverletzung und auch das Verhalten im Frauenhaus selbst änderte sich. Sie sorgte dort für Unruhe und es fielen ausländerfeindliche Äußerungen. So beschrieb eine Mitarbeiterin, dass ihr das „*Ausleben der Szene viel wichtiger [war] als ihr Leben auf die Reihe zu kriegen, oder sich um ihre Tochter zu kümmern*" (ebd., S. 6). Nach dieser Eskalation verließ die Frau kurze Zeit später die Schutzeinrichtung und verzog in das Bundesland Sachsen.

In den anderen sieben Fällen kam es von Anfang an zu rechtsextremen Verhaltensweisen und Äußerungen. So berichtete eine Mitarbeiterin, dass es *„gleich am ersten Tag klar [war], weil dann gleich so Sprüche einfach kamen den anderen Frauen gegenüber"* (Transkript 8, S. 3). Vor allem Frauen mit Migrationshintergrund gerieten in den Fokus der Rechtsextremistinnen. So berichtete eine Interviewpartnerin, dass es *„Frauen [anderer Nationalitäten] im Haus gab, die durften ihr Kind nicht hüten"* (Transkript 10, S. 11). Lediglich eine russischstämmige Spätaussiedlerin stellte hier eine Ausnahme dar. In einem anderen Fall versuchte die Frau *„auch nur mit den deutschstämmigen Frauen zu sprechen"* (Transkript 11, S. 4).

Mehrere Frauenhäuser berichteten von *„rechts nationale[n] Parolen"* (E-Mail-Antwort 4) und Sprüchen nach Art *„diese[r] Standard-NPD-Plakate, so nach dem Motto: Die [...] Ausländer nehmen uns die Arbeit weg"* (Transkript 2, S. 6). Auch *„leichtere Sprüche [wie:] Ja, ich weiß ihr erzieht eure Kinder ja so und so! [...] Wir Deutschen machen das halt besser"* (Transkript 11, S. 4) fielen.

Außerdem erzählten die Mitarbeiterinnen von Beschimpfungen. Hier kann die Aussage *„Scheiß Türken"* (Transkript 8, S. 2) als Beispiel dienen. Mehrere Interviewpartnerinnen berichteten, dass diese Konflikte hauptsächlich dann entstanden, wenn die Frauenhausmitarbeiterinnen nicht im Haus waren. Besonders in einem Fall kam es in dieser Zeit zur Eskalation. In Konfliktsituationen kam es zu *„rassistische[n und] wirklich ausländerfeindliche[n] Artikulationen [...] [Es] schaukelte sich [...] dann so hoch, dass das dann nicht nur Beschimpfungen in Bezug auf [...] Rassismus war oder geblieben ist, sondern es ging dann auch wirklich massiv zur Sache [...] [und] eine polnische Bewohnerin von dieser jeweiligen Frau zusammengeschlagen wurde"* (Transkript 3, S. 1f).

Aufgrund dieser Gewalthandlung musste die polnische Frau mehrere Tage stationär untergebracht werden. Weiterhin wurde im Nachhinein klar, dass weitere Frauen dieser Situation beigewohnt hatten, jedoch keine Hilfestellung leisteten, was teilweise auf Angst, aber auch auf Sympathie zur rechtsextremen Frau zurückzuführen war.

Außerdem kann an dieser Stelle noch darauf hingewiesen werden, dass nur Frauen der Typen „die Zurückhaltende" und „die Auffällige" bereits durch ihr Aussehen der rechten Szene zugeordnet werden können. So berichteten auch hier einige Interviewpartnerinnen von einem *„Faschofrauenhaarschnitt"* (Transkript 5, S. 2), gewaltbereitem rechtsextremen Auftreten (Transkript 11, S. 3) oder einem *„mehr so faschistisch[en], mehr so faschistinnenmäßig[en]"* (Transkript 5, S. 3) Aussehen. Natürlich trifft dies nicht auf jede der hier verorteten Frauen zu.

Die Aussteigerin

Der Typ „Die Aussteigerin" definiert sich durch die Ausstiegsabsicht der Frauen aus der Szene. Diese hegen somit den Wunsch, das rechtsextreme Milieu zu verlassen. Die Aufnahme in der Schutzeinrichtung steht dabei häufig mit diesem Anliegen in Verbindung, da die Frauen vor der Szene selbst flüchten oder die häusliche Gewalt eine Folge des Ausstiegswunsches darstellte. Wie später aufgezeigt wird, kann von einem erhöhten Sicherheitsrisiko gesprochen werden. Die Frauen dieses Typs zeigten in den Zufluchtseinrichtungen keinerlei rechtsextremes Verhalten, was mit deren angestrebter Szenedistanzierung in Verbindung gebracht werden kann.

Im Folgenden werden die Besonderheiten des Typs ein weiteres Mal an einem exemplarischen Fall herausgearbeitet. Es können jedoch insgesamt vier Frauen zugeordnet werden.

Die damals 31-jährige Frau flüchtete aus Mecklenburg-Vorpommern nach Nordrhein-Westfalen. Der Aufenthalt in der Schutzwohnung dauerte insgesamt etwa drei Monate, bevor die Frau in eine eigene Wohnung auszog. Den Aufnahmegrund stellte nicht ausschließlich die schwere körperliche Gewalt von dem rechtsextremen Partner, sondern auch „*Angst vor dem Milieu*" (Transkript 11, S. 2), dar. Vergangene Versuche, die Beziehung zu beenden, scheiterten, da diese die Entfernung von der Szene implementierten, was nicht erwünscht war. Aus diesem Grund wurde die Frau „*sehr unter Druck gesetzt*" (ebd., S. 2).

Auch bei der Aufnahme der anderen Frauen in die Schutzeinrichtungen spielte *„Angst vor Racheakten aus ihrem alten Umfeld"* (E-Mail-Interview) eine wichtige Rolle. Nur in einem Fall war keine Bedrohung durch einen Partner vorhanden, sondern es handelte sich *„um eine in Sicherheit zu bringende Aussteigerin"* (ebd.), was den alleinigen Aufnahmegrund darstellte. Dem gegenüber vermutete die Mitarbeiterin einer anderen Zufluchtsstätte sogar einen direkten Zusammenhang zwischen der häuslichen Gewalt und dem Wunsch nach Szenedistanzierung. In diesem Fall hatte der Partner *„sie geschlagen [...], aber ich [Mitarbeiterin der Zufluchtsstätte] vermute eher, weil sie aus dieser Szene aussteigen wollte"* (Transkript 6, S. 4).

Die Frau aus dem exemplarischen Fall *„sollte auch als Zeugin bei mehreren Prozessen aussagen und hatte da Angst vor und hat halt versucht unterzutauchen"* (Transkript 11, S. 3). Selbiges gilt für eine weitere Frau. Diese hatte mehrere Vorladungen bei der Polizei, wohin sie von einer Mitarbeiterin der Schutzeinrichtung begleitet wurde. Diese Termine haben *„jedes Mal richtige Panik ausgelöst"* (Transkript 6, S. 3). Grundsätzlich fühlte die Frau sich stark verfolgt, was sich beispielsweise durch die Nutzung eines anonymen Namens bemerkbar machte. Dieses Pseudonym wurde auch von offizieller Seite verwendet, was auf eine sehr hohe Bedrohung der Frau durch die rechte Szene hindeutet. Diese starke Gefährdungslage lässt sich bei allen Fällen beobachten, weshalb Sicherheitsaspekte eine wichtige Rolle spielten. Von einer Interviewpartnerin wurde beispielsweise berichtet, dass *„eine*

»Geschichte« quasi aufgebaut werden [musste] für die anderen Bewohnerinnen, da diese nicht erfahren durften, was bei dieser Frau tatsächlich los war" (E-Mail-Interview). Teilweise verwies die Polizei auf dieses erhöhte Gefährdungsrisiko. In zwei Fällen wurden die Frauen aus diesem Grund sogar von der Polizei ins Frauenhaus verbracht (Transkript 10, S. 2; Transkript 6, S. 7).

Abgesehen von diesen erhöhten Sicherheitsmaßnahmen fiel der rechte Hintergrund der Frauen nicht auf, da sie sich in keiner Weise mit rechtsextremen Äußerungen oder Verhaltensweisen bemerkbar machten. So berichtete eine Interviewpartnerin über unseren Beispielfall, dass sie „keine Probleme hier verursacht [hat], also muss man einfach sagen. Sie kam hier mit jedem zurecht! Die war sehr umgänglich" (Transkript 11, S. 5).

Des Weiteren können in Bezug auf diesen Typ Aussteiger_innenprogramme aus der rechten Szene eine Rolle spielen. In einem Fall wurde die betroffene Frau von „einem Mitarbeiter eines offiziellen Aussteigerprogrammes mit betreut" (E-Mail-Interview), in einem anderen schloss ein solches an den Aufenthalt in der Schutzeinrichtung an.

Sonstige Fälle

Bei den folgenden Fällen konnte keine eindeutige Einordnung zu einem der oben stehenden vier Typen vorgenommen werden. Dies hatte zwei unterschiedliche Ursachen, welche im Folgenden unter Bezugnahme auf die jeweiligen Fälle genauer erläutert werden.

Bei vier Fällen konnten keine telefonischen Interviews geführt werden, weshalb wir uns lediglich auf die in den E-Mails bereitgestellten Informationen beziehen können. Diese waren meist sehr spärlich und reichen somit für eine Zuordnung nicht aus.

So wissen wir in einem Fall von einer damals 21-jährigen Frau ausschließlich, dass sie *„alleinstehend, drogenabhängig und psychisch krank [war]. Sie wurde wohl mißhandelt [sic!], war aber mit diesen Problemen kein Fall für ein Frauenhaus. Nach kurzem Aufenthalt bei uns [der Schutzeinrichtung] haben wir sie mit Unterstützung eines Neurologen in eine psychiatrische Klinik untergebracht"* (E-Mail-Antwort 5). In diesem Fall fehlen sämtliche Informationen bezüglich des Verhaltens der Frau in der Zufluchtsstätte.

In einem weiteren Fall berichtete die Mitarbeiterin einer Schutzeinrichtung, *„dass eine Frau mit rechtsextremistischen Hintergrund das Frauenhaus aufsuchte, jedoch gab es keinen Fall, in dem die Situation zu den anderen Bewohnerinnen, insbesondere zu Frauen mit Migrationshintergrund, eskalierte"* (E-Mail-Antwort 2). Durch die Formulierung „eskalierte nicht" ergaben sich für uns die Probleme in der Einordnung. So könnte dies bedeuten, dass die Frau in der Einrichtung in Bezug auf ihre Gesinnung zurückhaltend war, was auf Typ zwei (Die Zurückhaltende) hindeutet. Mit „keiner Eskalation" könnte jedoch auch gemeint sein, dass das rechtsextreme Verhalten in einem Rahmen blieb, welcher von den Mitarbeiterinnen als tolerierbar wahrgenommen wurde, was eher Typ drei (Die Auffällige) entsprechen würde.

Eine weitere frauenspezifische Schutzeinrichtung berichtete uns von zwei Fällen. Beide Frauen gaben von sich aus an, der extremen Rechten anzugehören. Weitere Informationen bezüglich deren Verhalten wurden uns nicht mitgeteilt (vgl. Gedächtnisprotokoll).

Lediglich in einem dieser fünf Fälle wurde von uns ein telefonisches Interview durchgeführt. Hier berichtete die Interviewpartnerin, dass ein Bezug zur rechten Szene erst im Nachhinein vermutet werden konnte, da eine Mitarbeiterin der Schutzeirichtung die Frau nach ihrem Frauenhausaufenthalt mit ihrem rechtsextrem aussehenden Partner in der Stadt sah. Sie wird als *„ziemlich aggressiv, also so verbal aggressiv [...], wahrscheinlich auch grenzverletzend [...] also so in ihrem Habitus und auch uns, den Mitarbeiterinnen gegenüber auch so sehr [...] distanzlos und [...] fordernd"* (Transkript 14, S. 14) beschrieben. Auf die Frage hin, ob es im Zusammenleben mit Frauen mit Migrationshintergrund zu Auffälligkeiten kam, antwortet die Interviewpartnerin: *„Ich kann mich einfach nicht mehr dran erinnern. Das kann schon sein, dass es gab, aber [...] ich würd das auf jeden Fall nicht ausschließen"* (ebd., S. 15). Das Verhalten dieser Frau wurde während ihres Aufenthaltes in der Schutzeinrichtung jedoch niemals mit Rechtsextremismus in Verbindung gebracht. Es wäre unserer Meinung nach eine Einordnung dieser Frau in drei unterschiedliche Typen denkbar. Hätte sich die Mitarbeiterin beispielsweise an rassistische Äußerungen erinnern können, so wäre eine Einordnung dieser Frau zum Typ „Die Auffällige" eindeutig. Da wir hierzu jedoch keine Aussage erhielten, wäre eine Zugehörigkeit zur „Partnerin" oder zur „Zurückhaltenden" ebenso denkbar.

2.4. Umgang der frauenspezifischen Zufluchts-stätten mit extrem rechten Frauen

Der nun folgende Abschnitt soll das Spektrum der Umgangsmöglichkeiten mit extrem rechten Frauen dar-stellen. Hierzu wird zunächst auf allgemeine Regelungen der frauenspezifischen Zufluchtsstätten eingegangen, wel-che das Zusammenleben in den Einrichtungen grundsätz-lich regeln (Abschnitt IV 2.4.1). Anschließend werden spezifische Regelungen, welche sich explizit auf rechte Frauen beziehen, vorgestellt (Abschnitt IV 2.4.2) und wie diese in der praktischen Arbeit umgesetzt werden (Ab-schnitt IV 2.4.3). Dabei wird besonders auf Gespräche und Konsequenzen eingegangen.

Allgemeine Regelungen

Einige Mitarbeiterinnen frauenspezifischer Zufluchts-stätten berichteten uns im Rahmen der Interviews von ei-nem grundsätzlich gesteigerten Aggressionspotenzial unter den Bewohnerinnen, *„das fängt beim Putzplan an und bei der Kinderbetreuung und bei der nächtlichen Lautstärke"* (Transkript 5, S. 10). Diese Konfliktsituationen seien *„er-heblich und drastisch"* (Transkript 3, S. 6). *„Aus der Wut heraus, dass man sich dann abgrenzen"* (Transkript 12, S. 4) möchte, würden auch Länderzugehörigkeiten als Aus-gangspunkt für Konflikte genutzt werden, ohne dass hiermit zwangsläufig eine rechte Gesinnung in Verbindung stehen müsse.

Aus diesem Grund existieren in allen frauenspezifischen Zufluchtsstätten Hausordnungen, welche das Zusammenleben im Haus regeln. Diese müssen von den Frauen beim Einzug unterschrieben werden. Hier ist verankert, dass sämtliche Formen von Gewalt verboten sind (vgl. Transkript 7, S. 3). Häufig wird in dieser Formulierung noch weiter differenziert, um so Themen wie Rassismus oder Diskriminierung explizit anzusprechen und zu unterbinden (vgl. Gedächtnisprotokoll), denn in den Einrichtungen sollen *„alle Frauen, alle Nationen, alle Religionen leben. Und zwar gleichberechtigt"* (Transkript 10, S. 9).

Bei Zuwiderhandlung gegen diese Hausordnungen drohen Konsequenzen. So ist es beispielsweise die Regel, dass zunächst das Gespräch mit der betreffenden Frau gesucht wird, eventuell auch im Rahmen einer allgemeinen Hausversammlung. Häufig werden Verstöße gegen die Regelungen auch mit Mahnungen sanktioniert. Bei drei Vermahnungen müssen die Frauen die Einrichtung verlassen (vgl. Transkript 1, S. 6).

Diese allgemeinen Vorschriften gelten für alle, werden also auch bei extrem rechten Frauen angewandt. Einige Mitarbeiterinnen sind jedoch der Meinung, dass diese allgemeinen Formulierungen nicht zwangsläufig ausreichend sind, um etwaige Auffälligkeiten in Bezug auf die Ideologie unterbinden zu können. Daher wurde in einem Frauenhaus nach dem Aufenthalt einer extrem rechten Frau die

Hausordnung dahingehend spezifiziert (vgl. Transkript 13, S. 7).

Spezifische Regelungen

Obwohl die Hausordnungen sämtlicher Zufluchtsstätten in weiten Teilen ähnlich sind, gilt dies nicht für den Umgang der Mitarbeiterinnen mit den extrem rechten Frauen. Die Vorgehensweisen unterscheiden sich hier teilweise sehr deutlich. Im Folgenden sollen unterschiedliche Positionen vorgestellt werden.

So definierte ein Frauenhaus Rechtsextremismus *„als eine aktive Haltung, die ich intellektuell annehme"* (Transkript 5, S. 8). Dabei spielt es keine Rolle, wie sich die betroffenen Frauen in der Einrichtung verhalten, vielmehr wird die zu Grunde liegende Ideologie vom Frauenhaus nicht toleriert, denn dabei handelt es sich um ein *„hundertprozentiges Ausschlusskriterium. Faschistinnen können hier überhaupt nicht wohnen"* (ebd., S. 3).

Eine ähnliche Position wird auch von anderen Einrichtungen vertreten, wobei diese *„Unterschiede machen zwischen organisierten [...] Nazifrauen [...], beziehungsweise tatsächlich überzeugten, und Frauen die aufgrund von Beziehung zu nem Mann der Neonazi ist oder war [...] sich mit in dieses Umfeld begeben haben und sich auch klar positioniert haben, aber da machen wir trotzdem ne Unterscheidung"* (Transkript 13, S. 2).

Aufgrund der Zuordnung zu einer dieser beiden Kategorien wird entschieden, ob eine Frau in der Einrichtung wohnen darf, oder nicht. *„Organisierte und sich auch klar beziehende"* (ebd., S. 7) Rechtsextremistinnen sind nicht geduldet. Diese Unterscheidung wird von den meisten Frauenhäusern nicht vorgenommen, hier fließen jedoch andere Kriterien in die Überlegungen ein. Als Beispiel hierfür kann ein Frauenhaus gelten, welches Rassismus und Rechtsextremismus gleichsetzt und in der Konsequenz somit auch gleich behandelt (Transkript 14, S. 6).

Ein Großteil der frauenspezifischen Zufluchtsstätten nennt ein zurückhaltendes Verhalten der extrem rechten Frauen innerhalb der Einrichtung als Voraussetzung für deren Aufenthalt (vgl. Transkript 3, S. 6). So heißt es, dass *„jede Frau die hier hin kommt [...] ihre Chance [bekommt] sich hier ne neue Perspektive aufzubauen und sich hier in den Alltag einzufügen"* (Transkript 11, S. 6). Häufig steht die Opferperspektive der Frauen hierbei zu Beginn der Arbeit im Vordergrund (vgl. Transkript 6, S. 6).

Konkrete Umsetzung in der Arbeit mit den Einzelfällen

Ein Großteil der Mitarbeiterinnen frauenspezifischer Zufluchtsstätten gab an, dass die rechte Ideologie der Frauen keine direkten Auswirkungen auf die Arbeit hatte. So berichtete eine Interviewpartnerin beispielsweise *„dass die eine durchaus stolz war auf die rechte Gesinnung ihres Freundes [...]. [Das] wirkte sich aber ansonsten auf die*

Arbeit mit ihr in den 3 Wochen nicht weiter aus (auch andere Frauen haben ja durchaus auch noch Anteile, mit denen sie ihren Männern verbunden sind)" (E-Mail-Interview).

Lediglich in drei Fällen wird von einer großen Herausforderung, einem Zwiespalt oder emotional schwieriger Arbeit berichtet (Transkript 2, S. 2; Transkript 14, S. 5; Transkript 13, S. 8f), *„weil [der] Schwerpunkt einfach a viel auf Migrationsarbeit, Integrationsarbeit liegt"* (Transkript 2, S. 2).

Der einzige Aspekt, welcher von fünf Einrichtungen als Unterschied angegeben wurde, bezog sich auf eine erhöhte Sicherheitsplanung. Überlegungen, *„wie stark [...] die Gefahr für die Frau [ist], wenn da ne rechte Szene hintersteckt"* (Transkript 12, S. 5) wurden besonders betont. Dabei wurde die Bedeutung einer bis ins Detail ausgearbeiteten Sicherheitsplanung auch in Bezug auf die Sicherheit anderer Bewohnerinnen der Schutzeinrichtung angesprochen (Transkript 4, S. 3f). In zwei Fällen ging dies über das Abschätzen des Gefährdungsrisikos hinaus, weil hier konkrete Maßnahmen zum Schutz der Frauen ergriffen wurden. So berichtete eine Interviewpartnerin, dass die betreffende Frau in der Einrichtung mit einem anonymen Namen auftrat (Transkript 6, S. 2). Für eine andere Frau *„musste eine »Geschichte« quasi aufgebaut werden für die anderen Bewohnerinnen, da diese nicht erfahren durften, was bei dieser Frau tatsächlich los war"* (E-Mail-Interview).

Es muss jedoch angemerkt werden, dass der Sicherheitsaspekt nicht auf das rechte Gedankengut der Frau selbst zurückzuführen ist, sondern auf eine Bedrohung durch die rechte Szene als solche.

In einem Fall sprach die Mitarbeiterin eines Frauenhauses an, dass sie *„nicht nur zum Schutz der Fraun da [sind], sondern [...] primär auch zum Schutz der Kinder [...]: Was macht des mit den Kindern, so ne Mutter zu haben? Oder [...] inwiefern kümmern sich dann auch diese Frauen um ihre Kinder? [...] Sind mit sich und mit ihrer Ideologie und [...] mit ganz vielen andern Dingen beschäftigt, nur nicht mit ihren Kindern [...] deswegen versuche wir da, dann wirklich [...] des Jugendamt zu involvieren"* (Transkript 3, S. 6).

Obwohl sich die Arbeit mit diesen Frauen somit nicht wesentlich von der Arbeit mit nicht-rechten Frauen unterschied, war der Rechtsextremismus trotzdem Thema. Dies äußerte sich hauptsächlich in Gesprächen.

Gespräche mit den extrem rechten Frauen

Bei fünfzehn der insgesamt dreißig Frauen wurde das Thema Rechtsextremismus mit der Frau durch die Mitarbeiterinnen der Schutzeinrichtungen thematisiert oder ein solcher Versuch unternommen. Es wurden mehrere Gründe für die Führung solcher Gespräche angegeben, wobei auch unterschiedliche Intensionen von Seiten der Mitarbeiterinnen verfolgt wurden.

Als eines der häufigsten Gesprächsziele wurde die Bestätigung der Vermutung über den rechtsextremen Hintergrund der Frau angegeben. So berichtete eine Interviewpartnerin beispielsweise, dass sie ihre Klientin *„anhand von [...] einigen Äußerungen und von optischen Merkmalen [...] sehr klar darauf angesprochen"* (Transkript 5, S. 2) haben. In manchen Fällen wurde explizit nach der Verankerung in der rechten Szene gefragt (vgl. Transkript 12, S. 3).

Wurde die Vermutung durch die Frau bestätigt, so folgte in vielen Fällen eine Belehrung über das in der frauenspezifischen Zufluchtsstätte geduldete Verhalten. So berichtete beispielsweise eine Interviewpartnerin, *„dass [sie] gesehen haben, dass sie aus der rechtsextremen Szene kommt und wir ihr gesagt haben, [...] gleich von Anfang an, sie kann nur [hier] bleiben, [...] wenn sie sich nicht rassistisch weder äußert noch verhält im Frauenhaus"* (Transkript 9, S. 2).

Ähnliche Aussagen wurden häufig schon während des Erstgesprächs getroffen, wenn die Mitarbeiterinnen der Schutzeinrichtung schon vor Einzug der Frau von deren rechter Gesinnung wussten (vgl. Transkript 2, S. 3).

In wenigen Fällen sollte durch diese Gespräche eine Klärung des Gefährdungsrisikos durch die rechte Szene für die Frau selbst und für die anderen Frauenhausbewohnerinnen herausgearbeitet werden (vgl. Transkript 4, S. 3).

In lediglich zwei Fällen wurden Gesprächen mit der Intension geführt, eine Meinungsveränderung bei der Frau zu erreichen. So ließ sich eine Interviewpartnerin die rechte Ideologie begründen (Transkript 3, S. 3). Eine Andere berichtete, dass man „*auch [...] ein bisschen bewusst in ihrer Gegenwart bestimmte Dinge so nochmal erzählt [...] [hat]. Da gabs einfach auch politische, allgemeinpolitische Gespräche"* (Transkript 12, S. 3).

Eine Interviewpartnerin teilte uns mit, welche Themen sie allgemein in einem Gespräch mit einer extrem rechten Frau ansprechen würde. So berichtete sie: „*Wenn man jetzt merkte, da ist jemand, der radikale Parolen bringt, dann würde man erst mal das Gespräch suchen und sagen: Sowas wollen wir hier nicht. [...] Hier ist jede Frau gleich, [...] seid alle aus demselben Grund hier und [...] hier darf niemand wegen seiner Nationalität, Religiosität oder [...] ethnischen Zugehörigkeit diskriminiert werden, ganz klar. Und wenn das nicht funktionieren würde, ein zweites Mal, dann würde sie ne Abmahnung kriegen, beziehungsweise auch nen Auszug, je nachdem [...] wie drastisch ihre Äußerungen wären"* (ebd., S. 4).

Wenige Mitarbeiterinnen von Schutzeinrichtungen berichteten davon, dass sie vorsichtig „*das Thema »rechte Gesinnung« anzusprechen [versuchten] [...]. Eine inhaltliche Auseinandersetzung [sei jedoch] hier nicht möglich"* (E-Mail-Interview) gewesen. Hierfür wurden mehrere Gründe genannt: eine Frau habe selbst „*über die Inhalte nie nachgedacht"* (ebd.), eine andere sei zu sehr mit anderen Themen beschäftigt gewesen (ebd.). Eine dritte Frau habe sich vollkommen verweigert und gegen das Gespräch gewehrt (Transkript 14, S. 5).

In insgesamt elf Fällen kam es zu keinerlei Gesprächen zum Thema Rechtsextremismus, wobei auch kein Versuch von Seiten der Mitarbeiterinnen unternommen wurde. Dabei muss jedoch darauf hingewiesen werden, dass in fünf Fällen ein solches Gespräch nicht stattfinden konnte, da der Bezug der Frauen zur rechten Szene entweder erst nach dem Aufenthalt in der Schutzeinrichtung bekannt wurde oder die Frau lediglich eine Nacht in dieser verbrachte (Transkript 10, S. 3; E-Mail-Antwort 1). In den verbliebenen Fällen wurde eine solche Auseinandersetzung nicht für nötig erachtet, was mit mehreren Aussagen begründet wurde. So antwortete beispielsweise eine Interviewpartnerin auf die Frage, ob Gespräche stattgefunden hätten, dass dies nicht nötig gewesen sei, weil die Frau *„keine Probleme hier verursacht"* (Transkript 11, S. 5) habe. Eine Mitarbeiterin einer anderen Zufluchtsstätte war hingegen der Meinung, die Zeit in der Einrichtung sei zu kurz für eine solche Auseinandersetzung (Transkript 10, S. 11).

Die Verfasserinnen dieser Arbeit möchten darauf hinweisen, dass in einigen Fällen, auch wenn es zu Gesprächen zum Thema kam, diese nicht unbedingt den rechten Hintergrund der Frauen selbst fokussierten, sondern die Schwerpunktsetzung häufig auf dem rechtsextremen Partner oder der rechten Szene allgemein lag. Einziges Thema war hierbei meist das gesteigerte Sicherheitsrisiko der Frauen. Deren (mögliche) Involviertheit wurde dabei ignoriert.

Gespräche mit anderen Personen zum Thema

Im Folgenden wird dokumentiert, in welchem Umfang die Mitarbeiterinnen der frauenspezifischen Zufluchtsstätten einen Bedarf sahen, sich mit anderen Personen über einzelne rechte Frauen oder das Thema Rechtsextremismus allgemein, auszutauschen. Hierrunter fallen somit Gespräche unter Mitarbeiterinnen, zwischen Mitarbeiterinnen und Bewohnerinnen, sowie der Austausch zwischen Mitarbeiterinnen unterschiedlicher Schutzeinrichtungen.

Grundsätzlich lässt sich sagen, dass die Mehrzahl der Interviewpartnerinnen keinen Bedarf sah, im Rahmen der Teamsitzungen explizit über die rechten Bewohnerinnen zu sprechen. Nur wenige Mitarbeiterinnen berichteten uns, dass grundsätzlich jeder Fall innerhalb des Teams besprochen wird und hier somit auch automatisch ein Austausch über die rechte Bewohnerin stattfand (vgl. Transkript 14, S. 16f).

Lediglich in wenigen Fällen fand eine vertiefte Auseinandersetzung bezüglich der Frau und deren rechtem Hintergrund statt. So berichtete eine Interviewpartnerin, dass sie im Team Verhaltensregeln der Mitarbeiterinnen gegenüber dieser Frau erarbeiteten und überlegten, welche Maßnahmen im Umgang zu ergreifen seien (Transkript 8, S. 3). In einem anderen Fall wurde der Verdacht bezüglich der rechten Ideologie einer Frau thematisiert, um Klarheit bezüglich des weiteren Vorgehens zu gewinnen (Transkript 11, S. 5). Das Team einer dritten Schutzeinrichtung nutzte dieses Gespräch, um eine gemeinsame

Positionierung gegen die Einstellung der Bewohnerin zu erreichen (Transkript 2, S. 6).

Gespräche zwischen Mitarbeiterinnen und Bewohnerinnen fanden nur in sehr wenigen Fällen statt. So berichteten lediglich zwei Interviewpartnerinnen davon, dass *„die andern Frauen [...] mitteilten, dass die [rechte Frau] irgendwie komisch sei"* (Transkript 11, S. 4). In beiden Fällen positionierten sich die Mitarbeiterinnen der Schutzeinrichtungen auch gegenüber den Bewohnerinnen ganz klar gegen rechtsextreme Verhaltensweisen (vgl. ebd., S. 5; Transkript 2, S. 6). Lediglich ein Frauenhaus klärt *„rassistische [] Tendenzen im Haus [...] im Gespräch dann auch mit den anderen Frauen"* (Transkript 9, S. 3).

In zwei Fällen fand ein interinstitutioneller Austausch statt, wobei sich dieser nicht auf einzelne Fälle rechter Frauen in unterschiedlichen Schutzeinrichtungen bezog, sondern der Umgang mit Rechtsextremismus in Frauenhäusern Thema war. Diese Gespräche fanden in einem Fall im Rahmen der Landesarbeitsgemeinschaft aller frauenspezifischen Zufluchtsstätten Mecklenburg-Vorpommerns (Transkript 13, S. 6) und in einem weiteren Fall während der Supervision, in welcher mehrere Einrichtungen des gleichen Trägers teilnahmen (Transkript 14, S. 9), statt.

Konsequenzen

Als Konsequenzen werden an dieser Stelle sämtliche Handlungen von Seiten der Mitarbeiterinnen frauenspezifischer Zufluchtsstätten verstanden, welche eine Reaktion auf die rechte Ideologie als solche oder auf konkrete rechtsextreme Verhaltensweisen darstellen. Hier kann es sich sowohl um einzelfallbezogene Maßnahmen, aber auch um allgemeine Handlungsstrategien in Bezug auf Rechtsextremismus, handeln.

Betrachtet man die dreißig in dieser Arbeit berücksichtigten Fälle, lassen sich durchgehend zwei angewendete Konsequenzen erkennen. So stellten, wie bereits erwähnt, die Gespräche mit den Frauen in vielen Fällen eine Reaktion der Mitarbeiterinnen auf die Erkenntnis des Hintergrunds dar, insbesondere nach Bemerken von Auffälligkeiten.

Die zweite, in knapp einem Drittel der Fälle gezogene Konsequenz, war der Verweis der betreffenden Frau aus der Schutzeinrichtung. Eine Unterscheidung ist hier nach dem Grund für diese Konsequenz und deren Rigorosität in der Umsetzung[37] zu treffen.

In vier Fällen wurden die Frauen aufgrund ihres rechtsextremen Verhaltens der Einrichtung verwiesen. Eine Mitarbeiterin berichtete in diesem Zusammenhang, dass es „*eigentlich immer Konflikte [gab] wenn wir nicht da waren [...], sodass wir dann der Frau gesagt haben, sie muss ausziehen*" (Transkript 8, S. 2).

In den weiteren fünf Fällen stellte schon die rechte Ideologie als solche den Grund für den Rauswurf dar. Bei den Mitarbeiterinnen dieser Schutzeinrichtungen bestand

---

[37] Im Sinne dieser Arbeit meint der Begriff Rigorosität im Umgang, wie entschieden und wie strikt angedrohte Konsequenzen umgesetzt werden.

bereits vor dem Einzug der betreffenden Frau die Regelung, dass *„ne Faschistin, was auch immer sie erzählt, [...] hier nicht wohnen"* (Transkript 5, S. 3) darf. Wurde hier der rechte Hintergrund einer Bewohnerin bemerkt, musste diese somit das Haus verlassen. Die Einstellung wird von insgesamt drei Zufluchtsstätten vertreten, welche allesamt in der Umsetzung sehr rigoros vorgehen. Dies macht sich bei zwei dieser Zufluchtsstätten[38] darin bemerkbar, dass die Frauen spätestens 12 Stunden nach der Erkenntnis über die rechte Einstellung des Hauses verwiesen wurden. Ein Unterschied der Beiden im Vorgehen lässt sich hier lediglich darin feststellen, ob die betreffenden Frauen nach diesem Rauswurf von den Mitarbeiterinnen der Zufluchtsstätten in andere Einrichtungen vermittelt wurden oder nicht. So antwortete eine Interviewpartnerin auf die Frage, ob sie denn wüsste, wo die rechte Frau nach dem Verweis hingezogen sei, mit der Aussage: *„Nein, überhaupt nicht. Darum [...] bemühn wir uns auch nicht"* (Transkript 5, S. 4).

Im Gegenzug hierzu erzählte die Mitarbeiterin der anderen Schutzeinrichtung, dass sie der betreffenden Frau anbot einen Platz in einer Obdachlosenunterkunft für Frauen zu vermitteln, denn *„auf die Straße [...] schicken wir im Grunde niemanden. [...] Wir gucken dann immer obs ne Alternativmöglichkeit gibt"* (Transkript 13, S. 8). Auffällig ist auch, dass diese beiden Interviewpartnerinnen an uns zurückmeldeten, dass sie *„son bisschen hoffe[n]*

---

[38] Von der dritten Einrichtung liegen nicht genügend Informationen vor, um klare Aussagen bezüglich deren Vorgehensweise treffen zu können.

223

dass [sie] nach außen hin so auftreten, dass eigentlich schon klar ist, dass das [...] kein Ort ist, wenn man mit ner klaren faschistischen oder rassistischen Haltung kommt. [...] [Sie glauben], dass die Frauen die hier landen erstmal von sich selber son Bild haben, dass sie keine Rassistinnen sind und schon gar keine Faschistinnen" (Transkript 5, S. 10).

Im Folgenden finden diejenigen Fälle Berücksichtigung, bei welchen die Schutzeinrichtungen nicht von vornherein die Aufnahme einer rechten Frau ausschlossen, den Verbleib jedoch nur so lange gestatteten, wie die Betreffenden keine rechten Verhaltensweisen zeigten. Wie bereits erwähnt, musste bei vier Frauen aufgrund dessen die Konsequenz eines Rauswurfs gezogen werden. Es lassen sich jedoch auch hier Unterschiede bezüglich der Rigorosität feststellen. In zwei Fällen wurde, unmittelbar nachdem die betreffende Frau die geltenden Regeln verletzte, eine Sanktionierung in Form des Hausverweises vorgenommen (Transkript 2, S. 5; Transkript 8, S. 2). In den beiden anderen Fällen, fielen die Frauen permanent durch rechte Verhaltensweisen auf. Die Konsequenz des Rauswurfs wurde jedoch erst nach einem bestimmten *„Vorfall"* (Transkript 11, S. 4), bzw. einer *„körperlichen [...] Aktion [...], weil [...] eine polnische Bewohnerin von dieser jeweiligen Frau [...] zusammengeschlagen wurde"* (Transkript 3, S. 1f), gezogen.

In drei weiteren Fällen zeigten Bewohnerinnen rechte Verhaltensweisen, wobei hier jedoch entweder kein Verweis aus der Einrichtung erfolgte (Transkript 10, S. 11) oder keine Informationen diesbezüglich vorhanden sind (E-Mail-Antworten 3 und 4).

An diesen unterschiedlichen Vorgehensweisen bemerkt man, dass, obwohl sich grundsätzlich alle Zufluchtsstätten klar gegen rassistische und diskriminierende Verhaltensweisen positionierten, die Rigorosität bezüglich der Umsetzung von Konsequenzen stark variierte. In unsere Ausführungen konnten jedoch nur diejenigen Einrichtungen einbezogen werden, welche Erfahrungen mit auffälligen rechten Frauen sammelten.

Nur eine Interviewpartnerin berichtete uns von einer weiteren möglichen Konsequenz, welche ein ihr bekanntes Frauenhaus umsetzt. So würden dort „*sowas wie interkulturelle Feste*" (Transkript 14, S. 9) veranstaltet werden. In diesem Rahmen sollten Bewohnerinnen mit Migrationshintergrund für die anderen Frauen kochen, um „*ihre Kultur, was das auch immer sei, dann den anderen [zu] zeigen*" (ebd., 10), um somit bestehende Konflikte zwischen der rechtsextremen Frau und den anderen Bewohnerinnen zu entschärfen. Die Mitarbeiterin äußerte hierzu jedoch die Kritik, dass es nicht Aufgabe der Frau mit Migrationshintergrund sei, sich gegenüber einer extrem rechten Frau beweisen zu müssen (ebd., S. 10).

2.5. Schlussfolgerungen

Im Folgenden werden Schlussfolgerungen aus den oben dargestellten Ergebnissen gezogen. Diese haben ihren Ausgangspunkt zumeist in Gedankengängen von Interviewpartnerinnen, wobei wir eine weitere Interpretation und Übertragung auf andere Fälle durchführten.

Als besonders erwähnenswert empfanden wir in diesem Zusammenhang einen Vergleich zwischen der allgemeinen Bewohnerinnenstatistik von Schutzeinrichtungen und den Frauen unserer Studie, weiterführende Gedanken bezüglich einer eventuell bestehenden Dunkelziffer, sowie Überlegungen in wie weit Wechselwirkungen zwischen Mitarbeiterinnen und Klientinnen Verhaltensänderungen beeinflussen können.

Bezug auf Bewohnerinnenstatistik

Vergleicht man die im Kapitel 2.2 herausgearbeiteten soziostrukturellen Angaben der von uns berücksichtigten Einzelfälle mit der allgemeinen Bewohnerinnenstatistik (Kapitel 4.2), so wird deutlich, dass diese in weiten Teilen übereinstimmen. Sowohl das Alter der rechten Frauen in Schutzeinrichtungen, als auch deren Bildungsgrad und Arbeitssituation entsprechen den Durchschnittswerten.

Ein Unterschied ergibt sich jedoch in Bezug auf die Mobilität der rechten Frauen. So wechselten mindestens

30% von diesen das Bundesland, um eine Zufluchtsstätte aufzusuchen. Die ermittelten Durchschnittswerte der Frauenhauskoordinierung sprechen in diesem Zusammenhang lediglich von 15-20%. Die Sicherheitsgefährdung rechter Frauen durch ihren Partner und die Szene wird durchgehend, sowohl von den Frauen selbst als auch von den interviewten Mitarbeiterinnen der Schutzeinrichtungen, als sehr hoch eingeschätzt. So liegt die Vermutung nahe, dass diese Gefährdung zu einer erhöhten Mobilität auch über Bundeslandgrenzen hinweg führt, um durch eine weite Entfernung angstfrei leben zu können.

Dunkelziffer

Im Laufe unserer Auswertung fielen zunehmend häufig Hinweise auf eine hohe Dunkelziffer auf. So berichteten fünf Mitarbeiterinnen unterschiedlicher Schutzeinrichtungen davon, dass es in der Vergangenheit noch mehr Fälle rechter Frauen in ihrer Zufluchtsstätte gab, als die an uns zurückgemeldeten. Eine Interviewpartnerin, welche sich lediglich explizit an einen Fall erinnern konnte, antwortete auf die Frage, wie häufig rechte Frauen in ihrer Einrichtung Zuflucht suchten, folgendes: *„Also, ich denke so offen, wos offenkundig und klar ist, dass da auch n rechtsextremer Hintergrund [ist] [...], das ist wirklich vereinzelt. Da ham wir vielleicht mal zwei drei Frauen im Jahr, wenn überhaupt, ne?"* (Transkript 4, S. 1).

Weitere Indizien lassen sich in der Aussage einer Interviewpartnerin aus Mecklenburg-Vorpommern finden. Diese berichtete, dass *„die Landkreisfrauenhäuser viel mehr damit [mit rechten Frauen] zu tun"* (Transkript 13, S. 6) hätten, was sie im Rahmen der Landesarbeitsgemeinschaft der Frauenhäuser erfuhr. Von den insgesamt zehn im Bundesland existierenden Frauenhäusern antworteten sechs auf unsere Ersterhebungs-E-Mail. Hiervon meldete uns jedoch keine weitere Einrichtung zurück, bereits Erfahrung mit rechten Frauen gemacht zu haben (vgl. Tabelle 1). In diesem Zusammenhang sind drei unterschiedliche Szenarien denkbar. Entweder, die Aussage der Interviewpartnerin entspricht nicht der Wahrheit, oder die anderen frauenspezifischen Zufluchtsstätten verschwiegen uns Fälle von rechtsextremen Frauen in ihren Einrichtungen oder nur in den vier Schutzeinrichtungen, welche sich nicht auf unsere Anfrage meldeten, suchten rechte Frauen Zuflucht. Je nachdem, welche dieser Möglichkeiten zutrifft, bestätigt diese Aussage eine Dunkelziffer.

Des Weiteren muss an dieser Stelle erwähnt werden, dass 18 der insgesamt 30 an uns zurückgemeldeten Fälle in den letzten vier Jahren in der Schutzeinrichtung lebten. Bei weiteren sechs Fällen kennen wir das Jahr des Aufenthalts der Frau in der Zufluchtsstätte nicht. Es ist davon auszugehen, dass in der Vergangenheit weitere rechte Frauen in den jeweiligen Einrichtungen Schutz suchten, dies aus unterschiedlichen Gründen jedoch nicht an uns zurückgemeldet wurde. Als Begründung hierfür könnte beispielsweise ein Wechsel in der Belegschaft der Frauenhäuser gelten, sodass die aktuellen Mitarbeiterinnen ältere Fälle nicht mehr kennen. Dies könnte auch der Grund dafür sein, warum zwei frauenspezifische Zufluchtsstätten an uns zurückmeldeten, keine Erfahrungen mit rechten Frauen zu haben, wobei wir aus anderen Quellen sicher wissen, dass dies in der Vergangenheit durchaus der Fall war (o.V. 2009, S. 1).

Wechselwirkung zwischen Mitarbeiterinnen und rechten Frauen

Während der Durchführung der qualitativen Erhebung konnten wir bereits feststellen, dass einige der Interviewpartnerinnen ein starkes Eigeninteresse am Thema Rechtsextremismus hegten, was meist in Zusammenhang mit einer hohen Sensibilität bezüglich des Erkennens rechter Einstellungen einherging (vgl. Transkript 2, Transkript 13, Transkript 14, Transkript 5, Transkript 3, Transkript 8).

Die persönlichen Einstellungen der Mitarbeiterinnen beeinflussten dabei den Umgang mit ihren rechten Klientinnen sehr stark. So strebten alle oben stehenden Interviewpartnerinnen eine intensivere Auseinandersetzung mit der Frau über deren Ideologie an und zeigten in der Regel ein rigoroseres Vorgehen bei Sanktionierungen. Es ist somit ein ganz klarer Zusammenhang zwischen den individuellen Einstellungen der Mitarbeiterinnen und der Positionierung der gesamten Einrichtung zu erkennen. In diesem Zusammenhang berichtete eine Interviewpartnerin, dass dies *„sehr stark den jeweiligen Teams überlassen [ist] und* *das hängt wiederum davon ab, was für eine [...] Ausbildung sie haben also die Mitarbeiterinnen, und was sie für Hintergründe selbst haben und was sie für Erfahrungen haben. Insofern ist das eher zufällig [...] wie [...] die Frauenhäuser damit jeweils umgehen"* (Transkript 14, S. 18).

Dies lässt sich beispielsweise daran erkennen, dass schon dann eine stärkere Positionierung des gesamten Teams zu bemerken ist, wenn nur eine einzige Mitarbeiterin dieses Thema bewusst in die alltäglichen Diskussionen integriert (ebd., S. 18).

Eine weiterführende Aussage stammt von der Mitarbeiterin einer anderen Schutzeinrichtung, welche uns darauf hinwies, dass es in ländlichen Regionen häufiger zu Aufnahmen von extrem rechten Frauen in Schutzeinrichtungen komme. Da sich diese Aussage nicht mit den von uns erhobenen Daten deckt, gab die Interviewpartnerin als Erklärung hierfür an, dass dies *„auch [eine] Frage, [der] innere[n] Haltung [...] der Mitarbeiterin"* (Transkript 13, S. 6) sei. Sie führte weiter aus, dass Rechtsextremismus ein *„normales [...] Phänomen im Land"* (ebd., S. 6) darstelle und so die meisten ansässigen Zufluchtsstätten keinen klaren Unterschied bezüglich rechten und nicht rechten Frauen machten, weshalb extrem rechte Tendenzen erst viel später oder überhaupt nicht wahrgenommen würden (ebd., S. 6f).

Dabei fällt ein weiterer Zusammenhang auf: je klarer sich die einzelnen Teams der Schutzeinrichtungen gegen-

über Rechtsextremismus positionieren, desto wahrscheinlicher ist es, dass sie rechte Frauen als eigenständige Trägerinnen dieser Ideologie wahrnehmen und nicht ausschließlich als Opfer häuslicher Gewalt betrachten. Dies
lässt sich daran erkennen, dass in entsprechenden Einrichtungen vermehrt Gespräche bezüglich rechter Einstellungen geführt und daraus häufiger Konsequenzen gezogen
wurden. Im Gegensatz dazu betrachteten Zufluchtsstätten
ohne explizite Positionierung die rechten Frauen eher im
Kontext der Gewalthandlungen und neigten zum Teil dazu, den rechten Hintergrund nicht als eigenständiges Prob-
lemfeld zu definieren. Dabei hatte der rechte Hintergrund
hier lediglich in Bezug auf eine eventuell erhöhte Sicherheitsplanung Bedeutung.

Ein weiterer interessanter Befund bezieht sich auf den
Zeitpunkt, an welchem der rechte Hintergrund der Frau
angesprochen wurde. So wiesen insgesamt fünf Schutzeinrichtungen sofort nach Bekanntwerden der Ideologie explizit darauf hin, dass das Ausleben dieser rechten Einstellung in der Einrichtung nicht geduldet würde und ein Aufenthalt nur unter dieser Bedingung auch weiterhin möglich
sei. Durch die klare Absage an rechte Verhaltensweisen
ermöglichten die Mitarbeiterinnen den Frauen mehr Handlungssicherheit, was von Seiten einer Mitarbeiterin als
großer Vorteil formuliert wurde (Transkript 9, S. 4). In
vier dieser fünf Fälle verhielten sich die betreffenden
Frauen in den Schutzeinrichtungen vollständig zurückhaltend. Hier könnte somit ein Zusammenhang vermutet werden, was die Aussage einer Interviewpartnerin über eine

rechte Klientin bestätigt. Diese war der Meinung, dass *„sie sich zum Glück zusammengerissen [hat]. Also weil sie schon gewusst hat, dass wir sie [sonst] rauswerfen"* (Transkript 2, S. 6).

Je früher und je klarer ein Gespräch bezüglich der Verhaltensregeln in den Zufluchtsstätten geführt wurde, desto höher scheint somit die Wahrscheinlichkeit für zurückhaltendes Verhalten von Seiten der rechten Frau zu sein.

V   Fazit

Das folgende Fazit besteht aus drei Teilen. Nachdem
eine Zusammenfassung der Ergebnisse dieser Arbeit erfolgt, stellen wir eigene Überlegungen zum Umgang von
Frauenzufluchtsstätten mit extrem rechten Bewohnerinnen
an. In einem letzten Schritt resümieren wir den For-
schungsprozess als solchen.

Im Rahmen der repräsentativen Ersterhebung konnte
herausgearbeitet werden, dass ca. 11% aller frauenspezifischen Zufluchtsstätten in Deutschland bereits Erfahrungen
im Umgang mit extrem rechten Frauen haben. Diese spe-
zielle Zielgruppe unterscheidet sich hinsichtlich ihrer soziostrukturellen Merkmale kaum von der durchschnittli-
chen Klientel der Einrichtungen. Eine Ausnahme hierzu
bildet die erhöhte Mobilität, da überdurchschnittlich viele
der extrem rechten Frauen über Bundeslandgrenzen hinweg Schutz suchten. Deren Verhalten innerhalb der Frauenhäuser differierte sehr stark, weshalb hier eine Unterscheidung in vier Typen möglich war. Anschließend wurde der Umgang der frauenspezifischen Zufluchtsstätten
mit den Frauen beleuchtet. Auch hier ließen sich große
Unterschiede feststellen, welche von der Ausklammerungs
des rechten Hintergrundes bis hin zu vollständiger Ablehnung desselben durch die Mitarbeiterinnen reichte. Hier
werden die Wechselwirkungen zwischen dem Einrich-

tungspersonal und den betroffenen Frauen deutlich, weshalb eine stärkere Sensibilisierung und ein bewussterer
Umgang mit diesem Thema innerhalb der Frauenhäuser
stattfinden sollten. Dies könnte zu mehr Handlungssicherheit für alle Beteiligten führen.

Auch die Einführung von allgemeingültigen Regelungen für den Umgang mit extrem rechten Frauen erschien
uns vor Durchführung der Studie als Möglichkeit, mehr
Handlungssicherheit zu generieren. Im Laufe unserer Untersuchung lernten wir jedoch unterschiedlichste Stand-
punkte kennen, wie mit extrem rechten Frauen umgegangen wird. Eine Konsensfindung bezüglich der Vorgehensweise scheint uns hier nur sehr schwer möglich, da
zwei sich gegenseitig ausschließende Positionen vertreten
werden.

Im Folgenden soll eine skizzenhafte Darstellung der
möglichen Auswirkungen dieser beiden Extrempole vorgenommen werden. So könnte eine Möglichkeit des Um-
gangs beispielsweise darin bestehen, dass rechte Frauen
grundsätzlich nicht in frauenspezifischen Zufluchtsstätten
wohnen dürfen. Die gegensätzliche Vorgehensweise würde dies erlauben. Einen Mittelweg zwischen diesen beiden
Einstellungen kann es nicht geben, da ein Abrücken von
der ersten Position automatisch die Umsetzung der zweiten Variante bedeuten würde. Somit müssten die Mitarbeiterinnen der Schutzeinrichtungen, die die erste Meinung
vertreten, gegen ihre eigenen Ideale handeln. Um dies aus-
zuschließen, müssten somit alle Einrichtungen die Aufnahme von rechten Frauen verweigern. Dies würde zum
einen zum Ausschluss einer kompletten Zielgruppe aus

dem Hilfesystem Frauenhaus führen und zum anderen ebenfalls die Ideale einiger Mitarbeiterinnen verletzen, welche jeder hilfsbedürftigen Frau Unterstützung anbieten möchten. Außerdem sollte unserer Meinung nach jede Schutzeinrichtung für sich das Recht haben, einen eigenen Umgang mit dieser Zielgruppe zu finden.

Zusammenfassend lässt sich sagen, dass allgemeine Regelungen zum Umgang aus mehreren Gründen nicht sinnvoll sind. Es bleibt somit die Entscheidung der einzelnen Schutzeinrichtungen selbst, ob sie extrem rechte Frauen als Bewohnerinnen in ihr Haus aufnehmen oder dies unterlassen. Trotzdem sollte unserer Meinung nach eine Sensibilisierung aller Mitarbeiterinnen solcher Zufluchtsstätten zum Thema stattfinden. Wie diese Arbeit aufzeigen konnte, spielen extrem rechte Frauen in Frauenhäusern durchaus eine Rolle, wobei das Phänomen im fachspezifischen Diskurs bisher kaum berücksichtigt wurde. Diese Auseinandersetzung würde zwangsläufig eine Positionierung der Einrichtungen nach sich ziehen und somit einen bewussteren Umgang ermöglichen. Unserer Meinung nach sollte das Ziel eines solchen Prozesses sein, in den Köpfen der Mitarbeiterinnen die Möglichkeit zuzulassen, dass rechte Frauen auch aktiv handelnde, eigenständige Trägerinnen einer Ideologie sein können und nicht nur Opfer eines rechtsextremen Partners. Die Aufgabe, herauszufinden, in wie weit die Klientin selbst einem rechten Habitus zuzuordnen ist, liegt in den Händen der Mitarbeiterinnen. Dies ist insofern von Relevanz, als eine ausgelebte rechtsextreme Einstellung gegen die Grundsätze der Frauenhausarbeit als solche spricht, da sie mit Rassismus, Diskriminierung, Fremdenfeindlichkeit und häufig auch einer grundsätzlichen Gewaltakzeptanz einhergeht. Dies muss den Mitarbeiterinnen bewusst sein ebenso wie die Tatsache, dass hieraus ein potenzielles Sicherheitsrisiko für die anderen Bewohnerinnen der Einrichtung entstehen könnte.

Es wird deutlich, dass die Entscheidung, ob eine rechte Frau in der Zufluchtsstätte wohnen darf, immer bewusst getroffen werden muss. Die Mitarbeiterinnen sollten sich in diesem Zusammenhang immer darüber bewusst sein, dass sie die Verantwortung für ein vollständig gewaltfreies Miteinander in der Einrichtung tragen.

Obwohl wir stark für einen bewussten Umgang mit extrem rechten Frauen plädieren, sind wir auch der Meinung, dass es nicht die Aufgabe einer frauenspezifischen Zufluchtsstätte sein kann, eine Einstellungsänderung herbeizuführen. Frauenhäuser sind Einrichtungen, welche nach erlebter Gewalt mit den betroffenen Frauen zusammen neue Lebensperspektiven aufzeigen möchten und Sicherheit vor dem/der Aggressor_in garantieren. Dieser Fokus gilt auch, wenn die schutzsuchende Person der rechten Szene zuzuordnen ist. Äußert die Frau selbst den Wunsch nach einer Aufarbeitung ihres Hintergrundes, sollte diesem entsprochen werden, gegebenenfalls unter Einbeziehung spezifischer Facheinrichtungen wie beispielsweise Ausstiegsprogrammen.

Nachdem der inhaltliche Teil zur Studie durch das oben stehende Fazit vollendet ist, möchten wir abschließend einige Überlegungen zum Prozess der Durchführung dieser Erhebung anstellen.

So möchten wir uns bei allen Interviewpartnerinnen für die Teilnahme an unserer Untersuchung und die Bereitstellung von Informationen bedanken. Besonders gefreut hat uns in diesem Zusammenhang, dass uns großes Interesse an den Ergebnissen zurückgemeldet wurde. So bekräftigten uns viele Stellen in der Auseinandersetzung mit diesem Thema, dessen Erforschung als wichtig empfunden wurde.

Da es sich bei der vorliegenden Arbeit um die erste wissenschaftliche Untersuchung zum Thema handelt, ist der Forschungsbedarf nach wie vor sehr groß. Die von uns erhobenen Anhaltspunkte können dabei genutzt werden, weiterführende Studien zu realisieren. Als besonders interessant empfänden wir beispielsweise die Durchführung von Interviews direkt mit betroffenen extrem rechten Frauen. Auf diesem Weg könnten empirische Belege für den eventuellen Zusammenhang von häuslicher Gewalt und Rechtsextremismus erbracht werden. Des Weiteren könnte eine erneute Befragung der Mitarbeiterinnen frauenspezifischer Zufluchtsstätten sinnvoll sein, wobei hier unterschiedliche Variablen verändert werden sollten, wie beispielsweise die Bereitstellung einer konkreten Definition für Rechtsextremismus oder die Nutzung anderer Kommunikationskanäle zur Kontaktaufnahme. Als besonders wichtig erscheint uns in diesem Zusammenhang eine gute Vorbereitung auf das Führen der Interviews, was das Vorhandensein eines breiten Hintergrundwissens zum Thema voraussetzt.

Literaturverzeichnis

Ohne Verfasser_in (2007): Extremismus, extrem, radikal. In: Duden, Deutsches Universalwörterbuch. 6., überarbeitete und erweiterte Aufl. Mannheim: Dudenverlag, S. 539 und 1348.

Ohne Verfasser_in (2013): AfD zeigt rechtspopulistische Tendenzen. In: Süddeutsche Zeitung, 10.10.2013. Online verfügbar unter http://www.sueddeutsche.de/politik/aktuelle-analyse-afd-zeigt-rechtspopulistische-tendenzen-1.1791899, zuletzt geprüft am 17.12.2014.

Ohne Verfasser_in (2009): Notizen bei Beobachtung des Prozesses gegen einen bekennenden Neonazi wegen eines Tötungsdelikts vor dem Landgericht Magdeburg 2009. Unveröffentlichtes Manuskript.

Agentur der Europäischen Union für Grundrechte FRA (2014): Gewalt gegen Frauen. Eine EU-weite Erhebung : Ergebnisse auf einen Blick. Luxembourg: Publications Office.

ANTIFA Bremen (2013): Bremer Hammerskins organisieren bundesweites Nazitreffen. Online unter https://antifa-bremen.org/was-ging-ab/2013/bremer-hammerskins-organisieren-bundesweites-nazitreffen/, zuletzt geprüft am 20.12.2014.

Antifaschistisches Frauennetzwerk, Forschungsnetzwerk Frauen und Rechtsextremismus (Hg.) (2005): Braune Schwestern? Feministische Analysen zu Frauen in der extremen Rechten. Münster: Unrast.

Appelt, Birgitt; Höllriegl, Angelika; Logar, Rosa (2001): Gewalt gegen Frauen und ihre Kinder. In: Bundesministerium für Familie und Jugend Österreich (Hg.): Gewaltbericht - Gesamtdokumentation, S. 377–502.

Bayerisches Staatsministerium des Inneren, für Bau und Verkehr (2013): Verfassungsschutzbericht 2013.

Beck, Ulrich (1986): Risikogesellschaft. Auf dem Weg in eine andere Moderne. Erstausgabe. Frankfurt am Main: Suhrkamp.

Behörde für Arbeit, Soziales, Familie und Integration Hamburg (2014): Konzept zur Bekämpfung von Gewalt gegen Frauen und Mädchen, Menschenhandel und Gewalt in der Pflege.

Betzler, Agnes; Degen, Katrin (2014a): Auswertung der Kurzumfrage zum Thema extrem rechte Frauen in frauenspezifischen Zufluchtsstätten. Unveröffentlichte Datengrundlage.

Betzler, Agnes; Degen, Katrin (2014b): Transkriptionen von 14 Expertinneninterviews und Gedächtnisprotokoll eines Interviews mit Mitarbeiterinnen unterschiedlicher frauenspezifischer Zufluchtsstätten. Unveröffentlichte Datengrundlage.

Betzler, Agnes; Degen, Katrin (2014c): Auswertung der Expertinneninterviews mit Mitarbeiterinnen unterschiedlicher frauenspezifischer Zufluchtsstätten. Unveröffentlichte Datengrundlage.

Betzler, Agnes; Degen, Katrin (2014d): Anonymisierte E-Mailantworten von Mitarbeiterinnen unterschiedlicher frauenspezifischer Zufluchtsstätten. Unveröffentlichte Datengrundlage.

BIG e.V. Berliner Initiative gegen Gewalt gegen Frauen (o. J.): Berliner Interventionsprojekt gegen häusliche Gewalt. Alte Ziele auf neuen Wegen. Ein neuartiges Projekt gegen Männergewalt an Frauen stellt sich vor. Hg. v. Bundesministerium für Familie, Senioren, Frauen und Jugend.

Birsl, Ursula (1994): Rechtsextremismus: weiblich, männlich? Eine Fallstudie zu geschlechtsspezifischen Lebensverläufen, Handlungsspielräumen und Orientierungsweisen. Opladen: Leske + Budrich.

Birsl, Ursula (2011): Rechtsextremistische Gewalt: Mädchen und junge Frauen als Täterinnen? Wissenschaftliche Erkenntnisse und offene Fragen in geschlechtsvergleichender Perspektive. In: Ursula Birsl (Hg.): Rechtsextremismus und Gender. Opladen [u.a.]: Budrich, S. 241–264.

Bitzan, Renate (Hg.) (1997): Rechte Frauen. Skingirls, Walküren und feine Damen. Berlin: Elefanten Press.

Bitzan, Renate (2005): Differenz und Gleichheit. Zur Geschlechterideologie rechter Frauen und ihren Anknüpfungspunkten zu feministischen Konzepten. In: Antifaschistisches Frauennetzwerk, Forschungsnetzwerk Frauen und Rechtsextremismus (Hg.): Braune Schwestern? Feministische Analysen zu Frauen in der extremen Rechten. 1. Aufl. Münster: Unrast, S. 75–90.

Böhnisch, Lothar (1999): Abweichendes Verhalten. Eine pädagogisch-soziologische Einführung. 2., korrigierte Aufl. Weinheim [u.a.]: Juventa.

Böhnisch, Lothar (2005): Gewalt. In: Dieter Kreft (Hg.): Wörterbuch Soziale Arbeit. Aufgaben, Praxisfelder, Begriffe und Methoden der Sozialarbeit und Sozialpädagogik. 5., vollständig überarbeitete und ergänzte Auflage Weinheim, München: Juventa, S. 382–384.

Bordt, Eva-Maria (2005): Frauenhäuser. In: Dieter Kreft (Hg.): Wörterbuch Soziale Arbeit. Aufgaben, Praxisfelder, Begriffe und Methoden der Sozialarbeit und Sozialpädagogik. 5., vollständig. überarbeitete. und ergänzte Aufl. Weinheim, München: Juventa, S. 315–317.

Brückner, Margrit (2000): Margit Brückner und Carol Hagemann-Withe. Patriarchat. In: Brigitte Sellach (Hg.): Gewalt im Geschlechterverhältnis. Stuttgart [u.a]: Kohlhammer (Neue Fortbildungsmaterialien für Mitarbeiterinnen im Frauenhaus, 191,1), S. 235.

Brückner, Margrit (2002): Wege aus der Gewalt gegen Frauen und Mädchen. Eine Einführung. 2., aktualisierte Aufl. Frankfurt am Main: Fachhochschul-Verlag (51).

Brückner, Margrit (2008): Stellungnahme von Prof. Dr. Margrit Brückner. Professionelle Arbeitsprinzipien und methodische Ansätze Sozialer Arbeit in Frauenhäusern. In: Newsletter der Frauenhauskoordinierung e.V. (3), S. 11–14.

Brzank, Petra (2012): Wege aus der Partnergewalt. Frauen auf der Suche nach Hilfe. Wiesbaden: Springer VS.

Bundesamt für Verfassungsschutz (Hg.): Verfassungsschutzberichte. Online verfügbar unter http://www.verfassungsschutz.de/de/oeffentlichkeitsarbeit/publikation en/verfassungsschutzberichte, zuletzt geprüft am 17.12.2014.

Bundesministerium des Inneren: Verfassungsschutzbericht 2005.

Bundesministerium des Inneren: Verfassungsschutzbericht 2006.

Bundesministerium des Inneren: Verfassungsschutzbericht 2013.

Bundesministerium für Familie, Senioren, Frauen und Jugend (Hg.) (2012): Gewalt gegen Frauen in Paarbeziehungen. Eine sekundäranalytische Auswertung zur Differenzierung von Schweregraden, Mustern, Risikofaktoren und Unterstützung nach erlebter Gewalt. Kurzfassung.

Bundesministerium für Familie, Senioren, Frauen und Jugend (Hg.) (2013): Bericht der Bundesregierung zur Situation der Frauenhäuser, Fachberatungsstellen und anderer Unterstützungsangebote für gewaltbetroffene Frauen und deren Kinder. 4. Auflage.

Bundesministerium für Familie, Senioren, Frauen und Jugend (2014): Das Bundesprogramm "TOLERANZ FÖRDERN – KOMPE-TENZ STÄRKEN". Online verfügbar unter http://www.bmfsfj.de/BMFSFJ/kinder-und-jugend,did=164674.html, zuletzt geprüft am 27.10.2014.

Bundesverfassungsgericht, Urteil vom 23.10.1952, Aktenzeichen 1 BvB V51.

Bundesverfassungsgericht, Urteil vom 17.08.1956, Aktenzeichen 1 BvB 2/51 1956.

Bundesverfassungsgericht, Entscheidung vom 29.03.2007, Aktenzeichen 2 BvR 932/06. 14-18.

Bundeszentrale für politische Bildung (bpb) (Hg.) (2014b): Die Landtagswahl in Thüringen 2014. Online verfügbar unter http://www.bpb.de/politik/hintergrund-aktuell/191409/die-landtagswahl-in-thueringen-2014, zuletzt aktualisiert am 15.09.2014, zuletzt geprüft am 20.12.2014.

Bundeszentrale für politische Bildung (bpb) (Hg.) (2014a): Landtagswahl in Brandenburg 2014. Online verfügbar unter http://www.bpb.de/politik/hintergrund-aktuell/191067/landtagswahl-in-brandenburg-2014, zuletzt aktualisiert am 15.09.2014, zuletzt geprüft am 20.12.2014.

Bundeszentrale für politische Bildung (bpb) (Hg.) (2014c): Landtagswahl in Sachsen 2014. Online verfügbar unter http://www.bpb.de/politik/hintergrund-aktuell/190571/landtagswahl-in-sachsen-2014, zuletzt aktualisiert am 01.09.2014, zuletzt geprüft am 20.12.2014.

Butterwegge, Christoph (2011): Linksextremismus = Rechtsextremismus? Über die Konsequenzen einer falschen Gleichstellung. In: Ursula Birsl (Hg.): Rechtsextremismus und Gender. Opladen [u.a.]: Budrich, S. 29–41.

Cizek, Brigitte; Buchner, Gabriele (2001): Entwicklung des Gewaltverständnisses. In: Bundesministerium für Familie und Jugend Österreich (Hg.): Gewaltbericht - Gesamtdokumentation, S. 20–35.

Cyba, Eva (2010): Patriarchat: Wandel und Aktualität. In: Ruth Becker und Barbara Budrich (Hg.): Handbuch Frauen- und Geschlechterforschung. Theorie, Methoden, Empirie. 3., erweiterte und durchgesehene Auflage Wiesbaden: VS, Verl. für Sozialwissenschaften (35), S. 17–21.

Deutsche Stiftung Frauen- und Geschlechterforschung (2015): Grund und Auftrag. Online verfügbar unter http://www.stiftung-frauenforschung.de/index.php/die-stiftung/grund-und-auftrag, zuletzt geprüft am 18.01.2015.

Dlugosch, Sandra (2010): Mittendrin oder nur dabei? Miterleben häuslicher Gewalt in der Kindheit und seine Folgen für die Identitätsentwicklung. 1. Auflage. Wiesbaden: VS, Verl. für Sozialwissenschaften

Döhring, Kirsten; Feldmann, Renate (2005): Akteurinnen und Organisationen. Die Involviertheit von Frauen in der extremen Rechten. In: Antifaschistisches Frauennetzwerk, Forschungsnetzwerk Frauen und Rechtsextremismus (Hg.): Braune Schwestern? Feministische Analysen zu Frauen in der extremen Rechten. 1. Auflage Münster: Unrast, S. 17–33.

Dresing, Thorsten; Pehl, Thorsten (2010): Transkription. In: Günter Mey und Katja Mruck (Hg.): Handbuch Qualitative Forschung in der Psychologie. 1. Auflage Wiesbaden: VS, Verlag für Sozialwissenschaften, S. 723–733.

Du Bois, Susanne; Hartmann, Petra (2000): Neue Fortbildungsmaterialien für Mitarbeiterinnen im Frauenhaus. Zwischen Frauensolidarität und Überforderung. Grundlagen und Methoden in der Frauenhausarbeit. Stuttgart: W. Kohlhammer (Schriftenreihe des Bundesministeriums für Familie, Senioren, Frauen und Jugend Bd. 191, Bd. 2).

Der Bundeswahlleiter (2013): Endgültiges amtliches Ergebnis der Bundestagswahl 2013. Online verfügbar unter http://www.bundeswahlleiter.de/de/bundestagswahlen/BTW_BUND_13/presse/w13034_Endgueltiges_amtliches_Ergebnis.html, zuletzt geprüft am 20.12.2014.

EXIT Deutschland (2015) Ausstieg. Online verfügbar unter http://www.exit-deutschland.de/EXIT/Navigation/Ausstieg/Ausstieg-K332.htm, zuletzt geprüft am 11.01.2015.

Eyben, Emiel (1989): Mann und Frau im frühen Christentum. In: Jochen Martin und Renate Zoepffel (Hg.): Aufgaben, Rollen und

Räume von Frau und Mann. Freiburg, München: Alber (5,2), S. 565–600.

Forschungsnetz Gewalt im Geschlechterverhältnis - GiG-net (2008): Gewalt im Geschlechterverhältnis. Erkenntnisse und Konsequenzen für Politik, Wissenschaft und soziale Praxis. Opladen: B. Budrich.

Forschungsnetzwerk Frauen und Rechtsextremismus (Hg.) (2014): Handreichung Mädchen und Frauen in der extremen Rechten.

Frauen informieren Frauen - FiF e. V. (2012): Wege aus der Gewalt in Partnerschaft und Familie. Informationshandbuch für Frauen. 9. Aufl.

Frauenhauskoordinierung e. V. - FHK e. V. (2014): Statistik. Frauenhäuser und ihre Bewohnerinnen. Bewohnerinnenstatistik 2013 Deutschland.

Frauenhauskoordinierung e.V. – FHK e. V. (2009): Frauenhäuser. Online verfügbar unter http://www.frauenhauskoordinierung.de/schutz-und-hilfe-bei-gewalt/frauenhaeuser.html, zuletzt aktualisiert am April 2010, zuletzt geprüft am 16.01.2015.

Friedrichsen, Gisela (2014): Streit im NSU-Prozess: Das einzige Mädchen bei "Blood and Honour". In: Spiegel, 10.12.2014. Online verfügbar unter http://www.spiegel.de/panorama/justiz/nsu-prozess-heftiger-schlagabtausch-vor-gericht-a-1007746.html, zuletzt geprüft am 20.10.2014.

Gemeinschaft Deutscher Frauen (GDF) (Hg.): Über uns. Online verfügbar unter http://www.g-d-f.info/ueber-uns.html, zuletzt geprüft am 20.12.2014.

Gerhard, Ute (2009): Frauenbewegung und Feminismus. Eine Geschichte seit 1789. Originalausgabe. München: Beck (2463 : C. H. Beck Wissen).

Gesellschaft für freie Publizistik (GfP) (Hg.) (2014): Vorsitzende der GfP. Online verfügbar unter http://www.gfp-netz.de/, zuletzt geprüft am 20.12.2014.

Gloor, Daniela; Meier, Hanna (2007): Zahlen und Fakten zum Thema häusliche Gewalt. In: Martha Weingartner (Hg.): Häusliche Gewalt erkennen und richtig reagieren. Handbuch für Medizin, Pflege und Beratung. 1. Aufl. Bern: Huber, S. 15–34.

Göpner, Katharina (2011): Zugang für alle! - Beratung und Unterstützung für gewaltbetroffene Frauen und Mädchen mit Behinderung. Ein Projekt des bff: Bundesverband Frauenberatungsstellen und Frauennotrufe. In: Newsletter der Frauenhauskoordinierung e.V. (2), S. 7–8.

Greiffenhagen, Martin (1981): 5 Millionen Deutsche: "Wir sollten wieder einen Führer haben...". Die SINUS-Studie über rechtsextremistische Einstellungen bei den Deutschen. Originalausgabe Reinbek bei Hamburg: Rowohlt (4929).

Groschoff, Nancy (2009): Häusliche Gewalt und ihre Folgen. Eine Darstellung der Kernfragen von Frauen im Frauenhaus. Hamburg: Diplomica-Verlag.

Grumke, Thomas (2013): Rechtsextremismus in Deutschland. Begriff - Ideologie - Struktur. In: Stefan Glaser (Hg.): Erlebniswelt Rechtsextremismus. Menschenverachtung mit Unterhaltungswert; Hintergründe - Methoden - Praxis der Prävention. 3. Aufl. Bonn: Bundeszentrale für Politische Bildung (1381), S. 23–43.

Gugel, Günther (2010): Handbuch Gewaltprävention II. Für die Sekundarstufen und die Arbeit mit Jugendlichen. Grundlagen - Lernfelder - Handlungsmöglichkeiten. Tübingen: Institut für Friedenspädagogik.

Habermehl, Anke (1999): Gewalt in der Familie. In: Günter Albrecht, Axel Groenemeyer und Friedrich Wilhelm Stallberg (Hg.): Handbuch soziale Probleme. Opladen: Westdeutscher Verlag, S. 419–433.

Hagemann-White, Carol; Kavemann, Babara (2004): Gemeinsam gegen häusliche Gewalt - Band IV. Von regionalen Innovationen zu Maßstäben guter Praxis. Die Arbeit von Interventionsprojekten gegen häusliche Gewalt. Wissenschaftliche Begleitung der Interventionsprojekte gegen häusliche Gewalt. Abschlussbericht.

Hagemann-White, Carol; Lenz, Hans-Joachim (2011): Gewalt. In: Gudrun Ehlert, Heide Funk und Gerd Stecklina (Hg.): Wörterbuch Soziale Arbeit und Geschlecht. 1., Auflage. Weinheim, Bergstr: Juventa, S. 177–180.

Hartung, Johanna (2010): Sozialpsychologie. 3., aktualisierte Aufl. Stuttgart: Kohlhammer (Bd. 3).

Häusler, Alexander (2013): Die "Alternative für Deutschland" - eine neue rechtspopulistische Partei? Materialien und Deutungen zur vertiefenden Auseinandersetzung. Unter Mitarbeit von Horst Treubert und Rainer Roeser. Hg. v. Heinrich Böll Stiftung Nordrhein-Wesfalen.

Heiliger, Anita; Goldberg, Brigitte; Schröttle, Monika; Hermann, Dieter (2005): Gewalthandlungen und Gewaltbetroffenheit von Frauen und Mädchen. In: Waltraud Cornelißen (Hg.): Gender-Datenreport. 1. Datenreport zur Gleichstellung von Frauen und Mädchen in der Bundesrepublik Deutschland, S. 609–669.

Heitmeyer, Wilhelm (1987): Rechtsextremistische Orientierungen bei Jugendlichen. Empirische Ergebnisse und Erklärungsmuster einer Untersuchung zur politischen Sozialisation. Weinheim: Juventa.

Heitmeyer, Wilhelm (1992): Die Bielefelder Rechtsextremismus-Studie. Erste Langzeituntersuchung zur politischen Sozialisation männlicher Jugendlicher. Weinheim: Juventa.

Heitmeyer, Wilhelm (2011): Gruppenbezogene Menschenfeindlichkeit (GMF) in einem entsicherten Jahrzehnt. In: Wilhelm Heitmeyer (Hg.): Deutsche Zustände. Folge 10. 1., Originalausgabe. Berlin: Suhrkamp (2647), S. 15–41.

Helfferich, Cornelia (2005): Die Wahrnehmung der eigenen Handlungsmacht und die Konstelation "Opfer - Polizei - Täter" bei häuslicher Gewalt. Die subjektive Perspektive von Frauen. In: Helmut

Kury und Joachim Obergfell-Fuchs (Hg.): Gewalt in der Familie. Für und wider den Platzverweis. Freiburg im Breisgau: Lambertus, S. 309–329.

Helfferich, Cornelia; Kavemann, Babara (2004): Wissenschaftliche Untersuchung zur Situation von Frauen und zum Beratungsangebot nach einem Platzverweis bei häuslicher Gewalt. Forschungsprojekt. ABSCHLUSSBERICHT zum 30.10.2014. Sozialministerium Baden-Würtemberg.

Helfferich, Cornelia; Kavemann, Barbara (2010): Gewalt in Ehe und Partnerschaft: Unterschiede beim Unterstützungsbedarf und bei Beratungsbarieren und die spezifische Situation von Migrantinnen. Neue Forschungsergebnisse aus Deutschland. BGSS Workshop Documentation "Implementierung von Rechtsnormen: Gewalt gegen Frauen in der Türkei und in Deutschland". Institut für Sozialwissenschaften, Humboldt-Universität zu Berlin.

Helfferich, Cornelia; Kavemann, Barbara (2013): Lebenssituation und Belastungen von Frauen mit Behinderungen und Beeinträchtigungen in Deutschland. Qualitative Studie. Endbericht. Hg. v. Bundesministerium für Familie, Senioren, Frauen und Jugend.

Hellbernd, Hildegard; Brzank, Petra; Wieners, Karin; Maschewsky-Schneider, Ulrike (2003): Häusliche Gewalt gegen Frauen: Gesundheitliche Versorgung. Das S.I.G.N.A.L.-Interventionsprogramm.

Hellbernd, Hildegard; Wieners, Karin (2002): Gewalt gegen Frauen im häuslichen Bereich. Gesundheitliche Folgen, Versorgungssituation und Versorgungsbedarf. In: Jahrbuch kritische Medizin, Bd. 36. Hamburg: Argument Verlag.

Hirigoyen, Marie-France (2006): Warum tust du mir das an? Gewalt in Partnerschaften. München: Beck.

Hornberg, Claudia; Schröttle, Monika; Bohne, Sabine; Khelaifat, Nadja (2008): Gesundheitliche Folgen von Gewalt. Unter besonderer Berücksichtigung von häuslicher Gewalt gegen Frauen. Hg. v. Robert Koch-Institut. Berlin (Gesundheitsberichterstattung des Bundes, Heft 42).

Jung, Anne (1997): Faschistische Feministinnen - ein Wiederspruch? In: Renate Bitzan (Hg.): Rechte Frauen. Skingirls, Walküren und feine Damen. Berlin: Elefanten Press, S. 30–42.

Junge Nationaldemokraten (JN): Gewissen und Gemeinschaft. Online verfügbar unter http://alt.jn-buvo.de/bildung-3/, zuletzt geprüft am 28.12.2014.

Kaeding, Michael (2014): Europawahl 2014 in Deutschland im europäischen Kontext. Hg. v. Bundeszentrale für politische Bildung. Online verfügbar unter http://www.bpb.de/politik/wahlen/europawahl/185736/europawahl-2014-in-deutschland-im-europaeischen-kontext, zuletzt aktualisiert am 05.06.2014, zuletzt geprüft am 20.12.2014.

Kaiser, Ingrid (2012): Gewalt in häuslichen Beziehungen. Sozialwissenschaftliche und evolutionsbiologische Positionen im Diskurs. Wiesbaden: Verlag für Sozialwissenschaften.

Kattmann, U. (1995): Stellungnahme zur Rassenfrage der UNESCO 1995. Carl von Ossietzky Universität Oldenburg. Online verfügbar unter http://www.staff.uni-oldenburg.de/ulrich.kattmann/download/Res_deutsch.pdf.

Kavemann, Barbara (2008): Stellungnahme von Prof. Dr. Kavemann. In: Newsletter der Frauenhauskoordinierung e.V. (3), S. 8–10.

Kavemann, Barbara; Leopold, Beate; Schirrmacher, Gesa; Hagemann-White, Carol (2001): Modelle der Kooperation gegen häusliche Gewalt. "Wir sind ein Kooperationsmodell, kein Konfrontationsmodell". Ergebnisse der wissenschaftlichen Begleitung des Berliner Interventionsprojekts gegen häusliche Gewalt (BIG). Stuttgart: W. Kohlhammer (Bd. 193).

Kavemann, Barbara; Leopold, Beate; Schirrmacher, Gesa; Hagemann-White, Carol (2002): Fortbildungen für die Intervention bei häuslicher Gewalt. Auswertungen der Fortbildungen für Polizeiangehörige sowie Juristinnen und Juristen. Ergebnisse der wissenschaftlichen Begleitung des Berliner Interventionsprojektes gegen häusliche Gewalt. 1. Aufl. Stuttgart, Berlin, Köln: Kohlhammer (Bd. 193,1).

Kleffner, Heike (2014): Eine potenziell tödliche Mischung. Extrem rechter Frauenhass und neonazistische Gewalt. In: Katharina Debus und Vivien Laumann (Hg.): Rechtsextremismus, Prävention und Geschlecht. Vielfalt_Macht_Pädagogik. Düsseldorf (Arbeitspapiere der Hans-Böckler-Stiftung, 302), S. 49–58.

Köbler, Gerhard (2012): Juristisches Wörterbuch. Für Studium und Ausbildung. 15. Aufl. München: Vahlen.

Korte, Karl-Rudolf (2013): Alternative für Deutschland (AfD). Hg. v. Bundeszentrale für politische Bildung. Online verfügbar unter http://www.bpb.de/politik/wahlen/wer-steht-zur-wahl/bundestag-2013/165526/afd, zuletzt aktualisiert am 29.08.2013, zuletzt geprüft am 16.12.2014.

Köttig, Michaela (2001): Mädchen und junge Frauen aus dem rechtsextremen Milieu. Sozialwissenschaftliche Erklärungsansätze und Konzepte der sozialen Arbeit. In: Beiträge zur feministischen Theorie und Praxis 24 (56/57), S. 102–133.

Köttig, Michaela (2004): Lebensgeschichten rechtsextrem orientierter Mädchen und junger Frauen. Biographische Verläufe im Kontext der Familien- und Gruppendynamik. Orig.-Ausg. Gießen: Psychosozial-Verlag.

Köttig, Michaela (2005): Mädchen und Frauen in der extremen Rechten. Ein Diskussionsbeitrag zu Erklärungskonzepten und Forschungsansätzen. In: Antifaschistisches Frauennetzwerk, Forschungsnetzwerk Frauen und Rechtsextremismus (Hg.): Braune Schwestern? Feministische Analysen zu Frauen in der extremen Rechten. 1. Aufl. Münster: Unrast, S. 57–74.

Köttig, Michaela (2011): Rechtsextremismus. In: Gudrun Ehlert, Heide Funk und Gerd Stecklina (Hg.): Wörterbuch Soziale Arbeit und Geschlecht. 1., Auflage. Weinheim, Bergstr: Juventa, S. 345–347.

Kuckartz, Udo (2010): Typenbildung. In: Günter Mey und Katja Mruck (Hg.): Handbuch Qualitative Forschung in der Psychologie. 1. Aufl. Wiesbaden: VS, Verl. für Sozialwissenschaften, S. 553–568.

Kurth, Alexandra (1997): Mit Gott für Kinder - Küche - Kirche. Rechtskonservative Politikangebote von und für Frauen. In: Renate Bitzan (Hg.): Rechte Frauen. Skingirls, Walküren und feine Damen. Berlin: Elefanten Press, S. 18–29.

Lamnek, Siegfried; Luedtke, Jens; Ottermann, Ralf; Vogl, Susanne (2012): Tatort Familie. Häusliche Gewalt im gesellschaftlichen Kontext. 3., erweiterte und überarbeitete Auflage 2013. Wiesbaden: Springer VS.

Leuze-Mohr, Marion (2001): Häusliche Gewalt gegen Frauen - eine straffreie Zone? Warum Frauen als Opfer männlicher Gewalt in der Partnerschaft auf Strafverfolgung der Täter verzichten - Ursachen, Motivationen, Auswirkungen. 1. Aufl. Baden-Baden: Nomos (Bd. 25).

Löbmann, Rebecca; Herbers, Karin (2004): Betrifft: Häusliche Gewalt. Mit BISS gegen häusliche Gewalt. Evaluation des Modelprojekts "Beratungs- und Interventionsstellen (BISS) für Opfer häuslicher Gewalt" in Niedersachsen. Niedersächsisches Ministerium für Soziales Frauen, Familie und Gesundheit. Hannover.

Mark, Heike (2006): Gewalt und Gesundheit. Eine Untersuchung zu körperlichen und sexuellen Gewalterfahrungen im Zusammenhang mit der gesundheitlichen Lage erwachsener Frauen. 1. Aufl. München: Verl. Dr. Hut.

Mayring, Philipp (2010): Qualitative Inhaltsanalyse. In: Günter
Mey und Katja Mruck (Hg.): Handbuch Qualitative Forschung in der
Psychologie. 1. Aufl. Wiesbaden: VS, Verl. für Sozialwiss., S. 601–
613.

Mey, Günter; Mruck, Katja (2010): Interviews. In: Günter Mey
und Katja Mruck (Hg.): Handbuch Qualitative Forschung in der Psychologie. 1. Aufl. Wiesbaden: VS, Verl. für Sozialwiss., S. 423–435.

Müller, Ursula; Schröttle, Monika (2004b): Lebenssituation, Sicherheit und Gesundheit von Frauen in Deutschland. Eine repräsentative Untersuchung zu Gewalt gegen Frauen in Deutschland. Zusammenfassung zentraler Studienergebnisse. Hg. v. Bundesministerium
für Familie, Senioren, Frauen und Jugend.

Müller, Ursula; Schröttle, Monika (2004a): Lebenssituation, Sicherheit und Gesundheit von Frauen in Deutschland. Eine repräsentative Untersuchung zu Gewalt gegen Frauen in Deutschland. Hg. v.
Bundesministerium für Familie, Senioren, Frauen und Jugend.

Nandlinger, Gabriele (2008): Wann spricht man von Rechtsextremismus, Rechtsradikalismus oder Neonazismus…? Hg. v. Bundeszentrale für politische Bildung. Online verfügbar unter
http://www.bpb.de/politik/extremismus/rechtsextremismus/41312/was
-ist-rechtsextrem?p=all, zuletzt aktualisiert am 25.07.2008, zuletzt
geprüft am 28.10.2014.

Notz, Gisela (2011): Feminismus. Köln: PapyRossa-Verlag.

NPD - Nationaldemokratische Partei Deutschlands (Hg.): Für die NPD stehen... ...der Parteivorstand. Online verfügbar unter http://www.npd.de/html/3471/artikel/parteivorstand/, zuletzt geprüft am 16.12.2014.

Opitz-Belakhal, Claudia (2011): Patriarchat. In: Gudrun Ehlert, Heide Funk und Gerd Stecklina (Hg.): Wörterbuch Soziale Arbeit und Geschlecht. 1., Auflage. Weinheim, Bergstr: Juventa, S. 313–315.

Peichl, Jochen (2011): Destruktive Paarbeziehungen: Wie entsteht die Spirale der Gewalt? In: Blickpunkt EFL-Beratung, S. 6–16.

Pflegerl, Johannes; Cizek, Brigitte (2001): Erklärungsansätze für das Phänomen Gewalt in der Familie. In: Bundesministerium für Familie und Jugend Österreich (Hg.): Gewaltbericht - Gesamtdokumentation, S. 36–55.

Plümecke, Tino (2012): Rasse in der Ära der Genetik. Die Ordnung des Menschen in den Lebenswissenschaften. 1., Aufl. Bielefeld: transcript (Bd. 19).

Radke, Johannes (2013): Der "Nationalsozialistische Untergrund" (NSU). Hg. v. Bundeszentrale für politische Bildung. Online verfügbar unter http://www.bpb.de/politik/extremismus/rechtsextremismus/167684/der-nationalsozialistische-untergrund-nsu, zuletzt aktualisiert am 16.10.2013, zuletzt geprüft am 19.12.2014.

Republikaner (REP) (Hg.): Bundesvorstand und Beisitzer. Online verfügbar unter http://www.rep.de/Bundensvorstand und http://www.rep.de/content.aspx?ArticleID=7a707993-7bd0-4f08-b806-423559c3114a, zuletzt geprüft am 17.12.2014.

Ring Nationaler Frauen (RNF) (Hg.): Startseite. Online verfügbar unter http://www.ring-nationaler-frauen-deutschland.de/, zuletzt geprüft am 17.12.2014.

Rommelspacher, Birgit (2011): Frauen und Männer im Rechtsextremismus - Motive, Konzepte und Rollenverständnisse. In: Ursula Birsl (Hg.): Rechtsextremismus und Gender. Opladen [u.a.]: Budrich, S. 43–68.

Röpke, Andrea; Speit, Andreas (2011): Mädelsache! Frauen in der Neonazi-Szene. 1. Aufl. Berlin: Links.

Röpke, Andrea; Speit, Andreas (2013): Der Terror vor rechts - aktuelle Entwicklungen. In: Andrea Röpke und Andreas Speit (Hg.): Blut und Ehre. Geschichte und Gegenwart rechter Gewalt in Deutschland. 1. Aufl. Berlin: Links, S. 210–240.

Schaak, Torsten (2006): Evaluation der Interventionsstelle gegen häusliche Gewalt "pro-aktiv" in Hamburg. Endbericht 05. Oktober 2006. Behörde für Soziales, Familie, Gesundheit und Verbraucherschutz Hamburg.

Schemann, Ludwig (1902): Versuch über die Ungleichheit von Menschenrassen. Übersetzung nach Arthur de Gobineau. Stuttgart. Online verfügbar unter https://archive.org/details/versuchberdieu01gobi.

Schermer, Franz J. (2005): Grundlagen der Psychologie. 2., aktualisierte Aufl. Stuttgart: Kohlhammer (Bd. 1).

Schneider, Ursula (1987): Körperliche Gewaltanwendung in der Familie – Notwendigkeit, Probleme und Möglichkeiten eines strafrechtlichen und strafverfahrensechtlichen Schutzes. Berlin: Duncker & Humblot. (Münsterische Beiträge zur Rechtswissenschaft Band 28).

Schoofs, Jan (2014): Die Republikaner (REP). Hg. v. Bundeszentrale für politische Bildung. Online verfügbar unter http://www.bpb.de/politik/wahlen/wer-steht-zur-wahl/europawahl-2014/180947/rep, zuletzt aktualisiert am 28.04.2014, zuletzt geprüft am 16.12.2014.

Schröttle, Monika (2006): Häusliche Gewalt gegen Frauen - neuere bundesdeutsche Forschungsergebnisse zu Ausmaß, Folgen, Intervention und Prävention. In: Oberbürgermeister und Gleichstellungsbeauftragte für Frau und Mann der Landeshauptstadt Dresden (Hg.): Dokumentation der Fachtagung "Häusliche Gewalt - Gewalt im sozialen Nahraum". Dresden, 27./28. Juni, S. 7–22.

Schröttle, Monika (2008): Gewalt gegen Frauen in Paarbeziehungen. Eine sekundäranalytische Auswertung zur Differenzierung von Schweregraden, Mustern, Risikofaktoren und Unterstützung nach erlebter Gewalt. Enddokumentation November 2008. Unter Mitarbeit von Nicole Ansorge. Hg. v. Bundesministerium für Familie, Senioren, Frauen und Jugend.

Schröttle, Monika; Khelaifat, Nadja (2009): Gesundheit - Gewalt - Migration. Eine vergleichende Sekundäranalyse zur gesundheitlichen und Gewaltsituation von Frauen mit und ohne Migrationshintergrund in Deutschland. Kurzzusammenfassung zentraler Ergebnisse. 3. Aufl. Hg. v. Bundesministerium für Familie, Senioren, Frauen und Jugend.

Sellach, Brigitte (Hg.) (2000): Gewalt im Geschlechterverhältnis. Stuttgart [u.a]: Kohlhammer (Neue Fortbildungsmaterialien für Mitarbeiterinnen im Frauenhaus, 191,1).

Sellach, Brigitte; Enders-Dragässer, Uta (2000): Ursache und Umfang von Frauenarmut. Gutachten. Gesellschaft für sozialwissenschaftliche Frauenforschung e.V.

Sommerhoff, Barbara (1995): Frauenbewegung. Originalausgabe Reinbek bei Hamburg: Rowohlt Taschenbuch Verlag (6372).

Speit, Andreas (2005): Mythos Kameradschaft. Gruppeninterne Gewalt im neonazistischen Spektrum. Braunschweig, Arug.

Stange, Manfred (Hg.) (2004): Die Edda. Götterlieder, Heldenlieder und Spruchweisheiten der Germanen. Aktualisierte Neuausg. Wiesbaden: Marixverlag.

Staud, Toralf (2013): Parteien und Verbote. Sieben Fragen und Antworten. Hg. v. Bundeszentrale für politische Bildung. Online verfügbar unter http://www.bpb.de/politik/extremismus/rechtsextremismus/170613/parteien-und-verbote-sieben-fragen-und-antworten, zuletzt aktualisiert am 16.10.2013, zuletzt geprüft am 29.10.2014.

Stöss, Richard (2007 // 2010): Rechtsextremismus im Wandel. 2., aktualisierte Aufl. Berlin: Friedrich-Ebert-Stiftung, Abt. Dialog Ostdeutschland.

Stövesand, Sabine (2011): Häusliche Gewalt. In: Gudrun Ehlert, Heide Funk und Gerd Stecklina (Hg.): Wörterbuch Soziale Arbeit und Geschlecht. 1., Auflage. Weinheim, Bergstr: Juventa, S. 194–196.

Stürmer, Uwe (2006): Prävention von Tötungsdelikten durch Expartner. In: Jens Hoffmann (Hg.): Häusliche Gewalt und Tötung des Intimpartners. Prävention und Fallmanagement. Frankfurt [Main]: Verlag für Polizeiwiss.

Süddeutsche Zeitung (2014b): Wahlerfolg des Front National: Wenn Öl zu Feuer wird. Online verfügbar unter http://www.sueddeutsche.de/politik/wahlerfolg-des-front-national-wenn-oel-zu-feuer-wird-1.1975045, zuletzt geprüft am 27.10.2014.

Süddeutsche Zeitung (2014a): Rechtsextremer Richter: Bayern wurde rechtzeitig gewarnt. Online verfügbar unter http://www.sueddeutsche.de/bayern/rechtsextremer-richter-bayern-wurde-rechtzeitig-gewarnt-1.2170006, zuletzt geprüft am 27.10.2014.

Thurich, Eckart (2011): Pocket Politik. Demokratie in Deutschland. 4. Aufl., August 2011. Bonn: Bundeszentrale für Politische Bildung (1).

van Riel, Raphael (2005): Gedanken zum Gewaltbegriff. Drei Perspektiven. Universität Hamburg, Forschungsstelle Kriege, Rüstung und Entwicklung (Arbeitspapier Nr. 5 / 2005).

Vensky, Hellmuth (2013): Die Untergrund-Neonazis. Über Hammerskins ist wenig bekannt, dabei arbeitet die Extremistengruppe längst grenzüberschreitend. Die Neonazis sind gefährlicher als bisher bekannt. In: Die Zeit, 01.02.2013. Online verfügbar unter http://www.zeit.de/gesellschaft/zeitgeschehen/2013-02/hammerskins-neonazis-rechtsextremismus-treffen-suedhessen, zuletzt geprüft am 19.12.2014.

Verein Hilfe für Frauen in Not e.V. (Hg.) (2013): Bewohnerinnenstatistik des Frauenhaus Nürnberg. Einkommenssituation. unveröffentlichtes Manuskript.

Vereinte Nationen (Hg.) (1999): V. Resolution auf Grund der Berichte des dritten Ausschusses. Generalversammlung - vierundfünfzigste Tagung. Resolution 54/134.

Walgenbach, Katharina (2012): Intersektionalität als Analyseperspektive heterogener Stadträume. In: Scambor, Elli/ Zimmer, Fränk (Hg.): Die intersektionelle Stadt. Geschlechterforschung und Medien an den Achsen der Ungleichheit. Bielefeld.

Weltgesundheitsorganisation (WHO) (2003): Weltbericht Gewalt und Gesundheit. Zusammenfassung.

Wippermann, Katja; Wippermann, Carsten (2007): 20-jährige Frauen und Männer heute. Lebensentwürfe, Rollenbilder, Einstellungen zur Gleichstellung. Sinus Sociovision. Bundesministerium für Familie, Senioren, Frauen und Jugend.

Zick, Andreas; Klein, Anna (2014): Rechtsextreme Einstellungen in einer fragilen Mitte. In: Andreas Zick und Anna Klein (Hg.): Fragile Mitte - feindselige Zustände. Rechtsextreme Einstellungen in Deutschland 2014. Bonn: Dietz, S. 32–60.

Tabellen- und Abbildungsverzeichnis

Tabelle 1
Betzler, Agnes; Degen, Katrin (2014a): Auswertung der Kurzumfrage zum Thema extrem rechte Frauen in frauenspezifischen Zufluchtsstätten. Unveröffentlichte Datengrundlage.

Abbildung 1 - 3
Betzler, Agnes; Degen, Katrin (2014b): Transkriptionen von 14 Expertinneninterviews und Gedächtnisprotokoll eines Interviews mit Mitarbeiterinnen unterschiedlicher frauenspezifischer Zufluchtsstätten. Unveröffentlichte Datengrundlage.

Betzler, Agnes; Degen, Katrin (2014d): Anonymisierte E-Mailantworten von Mitarbeiterinnen unterschiedlicher frauenspezifischer Zufluchtsstätten. Unveröffentlichte Datengrundlage.

www.marta-press.de

Aus unserem Programm...

Ulla Rogalski, 2014: "Ein ganzes Leben in einer Hutschachtel. Geschichten aus dem Leben der jüdischen Innenarchitektin Bertha Sander 1901-1990".

Robert Scheer, 2016: "Pici. Erinnerungen an die Ghettos Carei und Satu Mare und die Konzentrationslager Auschwitz, Walldorf und Ravensbrück".

Laura Bensow, 2016: "„Frauen und Mädchen, die Juden sind Euer Verderben!" Eine Untersuchung antisemitischer NS-Propaganda unter Anwendung der Analysekategorie „Geschlecht"".

Robert Claus, Juliane Lang, Ulrich Peters (Hg.), 2016: "Antifeminismus in Bewegung".

Lerke Gravenhorst / Ingegerd Schäuble, 2017: "Fatale Männlichkeit. Der NS-Zivilisationsbruch. Ein neuer Blick". Mit Beiträgen von Hanne Kircher, Jürgen Müller-Hohagen und Karin Schreifeldt.

Jana Reich, 2017: "»Nichts in meinem Leben ist normal, nichts...« Die Traumata im Leben der Künstlerin Eva Hesse (1936-1970)".

Rena Kenzo, 2018: "»Teil eines Ganzen sein« Extrem rechte Frauen in Deutschland von 1945 bis 2000".

www.ingramcontent.com/pod-product-compliance
Lightning Source LLC
Chambersburg PA
CBHW031416270326
41929CB00010BA/1476